대장간 이야기

첨단 기술의 원점을 찾아서

대장간 이야기

정진오 지음

교유서가

세계 각국이 전쟁의 소용돌이에서 벗어나지 못하고 있다. 하마스-이스라엘 전쟁도 그렇지만, 특히 러시아-우크라이나 전쟁은 두 국가만의 문제가 아니다. 우리 한반도에까지 커다란 파장을 끼치고 있다. 남북의 무기가 그 전장에서 대결하고 있다는 외신 보도가 끊이지 않는다.

폴란드를 비롯한 그 인접국들도 첨단 무기 구매에 열을 올리고 있다. 공격과 방어 무기의 수준과 그 양에서 러시아에 크게 밀리는 우크라이나는 미국을 비롯한 서방의 지원을 절박하게 요청하고 있다. 볼로디미르 젤렌스키 우크라이나 대통령은 러시아측으로부터 키이우의 거지라는 조롱까지 당하는 처지가 됐다. 젤렌스키 대통령의 세계 각국을 향한 지원 요청을 거지의 동냥질에 빗대어 빈정거린 거다. 하지만 그 비아냥이 문제이겠는가. 젤렌스키 입장에서는 대통령의 체면을 따질 때가 아니다. 죽느냐 사느냐의 갈림길에 서 있는 상황에서 무기를 얻기 위해서는 무슨 일이든 해야 할 처지다.

무기 개발의 역사를 따라 올라가면 주요 무기 탄생의 순간마다 대장장이가 있었다. 인류는 사람끼리 싸우기 전에 먼저 짐승들과 싸웠을 거다. 사람들은 동물을 잡아 식량으로 삼아야 했고, 짐승 역시 인간을 먹잇감으로 여겼다. 둘 사이의 먹고 먹히는 전쟁은 불가피했다. 인간은 맨손으로 짐승을 감당하기 어려우니 손에 들고 싸울 무기를 고안해야 했다.

최초의 무기는 아마도 나무 꼬챙이나 돌멩이였을 거다. 그러다가 나무를 꺾어 창을 만들고, 돌칼이나 돌도끼를 다듬어 좀더 세련된 공격 무기를 손에 쥐었다. 짐승과의 생존 싸움에서 인간이 우위에 섰을 때, 이제는 인간들끼리 서로 더 차지하기 위한 전쟁을 벌였다. 전쟁의 승패는 신무기 보유 여부에 달렸다. 금속을 발굴하고 추출하게 된 뒤로는 청동검이나 철검을 제작하기에 이르렀다. 더 나아가 대량 살상이 가능한 치명적 무기인 총과 대포를 생산하는 데도 성공했다. 나무에서 돌로, 돌에서 청동으로, 청동에서 철로. 첨단 무기 제조를 가능케 하는 기술 습득은 문명 발달을 이끄는 비등점이 되었다. 그 한가운데에 대장장이가 있었다.

첨단 무기, 첨단 기술이라고 할 때의 '첨(尖)'이라는 글자는 뾰족하다는 뜻으로도, 날카롭다는 의미로도 쓰인다. 뾰족하면서 단단한 창, 날카로우면서 무르지 않은 칼을 만드는 부류가 대장장이이다. 그들의 일터인 대장간은 인류 역사를 통틀어 가장 오랫동안 이어져 내려온 금속 소재 산업체라고 할 수 있다. 그러니 그 대장간은 생동하는 기술 박물관이다. 그곳에 첨단 기술 산업의 원형질이 숨쉬고 있다.

―――

쇠붙이가 금붙이보다 비쌀 때가 있었다. 고대 문명 발상지 중 한 곳인 유프라테스강과 티그리스강을 끼고 있는 메소포타미아 지역에서 발굴된 유물에 따르면 청동기시대에는 철이 금보다 6~8배 비싸게 거래되었다고 한다. 철이 그만큼 귀했다는 얘기다. 석기시대와 철기시대 사이의 청동기시대에도 철은 있었다. 극소량이었고, 무기로 사용할 만큼 품질이 좋은 건 아니었다. 일부 지배계층만이 쇠붙이를 손에 넣을 수 있었다. 청동기보다 강하면서 구하기 어려운 철, 당연히 비싼 존재였다. 청동기시대에는 철의 녹는점인 1535도까지 불의 온도를 끌어올릴 기술이 없었다. 하늘에서 떨어진 운석의 표면에 드러난 철을 떼어내 낮은 온도에서나마 가열해 사용하는 정도였다.

철을 일컫는 영단어 '아이언(iron)'의 원래 뜻은 '성스러운 금속', '단단한 금속'이었다고 한다. 하늘에서 불을 뿜으며 떨어진 돌덩이에 박힌 것이었으니 무척 성스럽게 여겼을 테고, 청동의 주재료인 주석이나 구리보다도 훨씬 더 단단했으니 그렇게 이름을 붙였을 거다.

인류는 이제 하늘에서 떨어진 운석을 신기하게만 바라보는 수준이 아니다. 우주로 날아올라 다른 행성에 다가가는 데까지 이르렀다. 2021년 2월, NASA(미항공우주국)의 화성 탐사 드론이 화성 표면에 착륙해 그곳에서 수십 차례나 탐사 비행을 펼쳤다. 소형 헬리콥터인 그 드론의 이름이 '인제뉴어티(Ingenuity)'다. '독창성'이라는 의미다. 타고난 재능을 뜻하는 라틴어 인게니움(ingenium)과 통한다. 여기에서 엔지니어(engineer)라는 말도 나왔다. 고대 로마에서는 투석기처럼 성이나 요새를 부술 수 있는 공성(攻城) 무기를 엔진(engine)이라고 했다. 그 무기를 만들 줄 아는, 독창적인 재능을 가진 기술자가 엔지니어다. 그 엔지니어의 시작점에 대장장이가 있다.

━━

재능 있는 기술자를 제대로 키워내고 우대하는 시스템을 갖춘 국가는 흥하게 마련이다. 첨단 기술력은 곧 국가 경쟁력으로 이어진다. 동서고금을 막론하고 기술력 없이 우뚝 선 나라가 어디 있었던가. 그 점은 우리 역사에서도 여실히 입증된다. 고려가 망해가던 때, 한반도 최초의 로켓형 화약 무기를 개발해낸 위대한 엔지니어 최무선(1325~1395)이 있었건만 웬일인지 그는 국방 기술자로서 나라를 구하는 데 핵심적 지위를 갖지 못했다. 그가 만든 각종 신무기를 효과적으로 사용할 국방 체계와 그를 뒷받침할 국가 시스템이 망가져 있었기 때문이다. 고려를 뒤엎고 새 국가를 세운 조선 역시 500년 뒤 고려와 같은 길을 따랐다.

⟨장면 1⟩

고려 말 가장 큰 문제는 지배계층의 무사안일과 부패, 그리고 왜적의 끊임없는 노략질이었다. 왜적은 마치 고려 땅 곳곳을 자기 나라 드나들 듯 휘젓고 다녔다. 식량을 빼앗고 마을에 불을 질렀다. 남녀노소를 가리지 않고 죽이고, 포로로 잡았다. 심지어 어린아이를 끔찍하게 살해한 뒤 제물(祭物)로 삼았다는 기록도 있다. 왜적으로 인한 피해는 너무나 참혹했다. 이런 상황인데도 당시 고려의 군사 시스템으로는 전국 각지에 침입해 활개를 치는 왜적들을 효율적으로 막아낼 수가 없었다. 그런 와중에 최무선이 화약을 독자 개발하는 데 성공했다. 1375년, 우리 무기 개발 역사에서 가히 혁명적인 순간이다. 그 뒤로 5년.

왜적의 배 500척이 진포(鎭浦, 지금의 금강하구) 어귀에 들어와 큰 밧줄로 서로 잡아매고 군사를 나누어 지키며, 드디어 언덕에 올라 각 주(州)·군(郡)으로 흩어져 들어가서 마음대로 불사르고 노략질하니, 시체가 산과 들에 덮이고, 곡식을 그 배에 운반하느라고 땅에 쏟아진 쌀이 한 자 부피나 되었다. 나세(羅世), 심덕부, 최무선 등이 진포에 이르러, 무선이 처음으로 만든 화포(火砲)를 써서 그 배를 불태우니, 연기와 화염이 하늘에 넘쳐 적이 거의 다 타 죽었고, 바다에 빠져 죽은 자도 또한 많았다.

『고려사절요』 우왕 6년(1380) 8월 진포대첩을 다룬 내용이다. '무선이 처음으로 만든 화포를 써서(始用茂宣所製火砲) 왜적을 공격했고, 화염에 휩싸인 배에 있던 적들은 대부분 불에 타 죽거나 바다에 빠져 죽었다'는 얘기다. 짧은 글이지만 우리 손으로 만든 화포의 위력을 실감할 수 있다. 그런데 어찌된 일인지 이렇게 중요한 업적이 더는 언급되지 않는다. 이성계의 활약에 더 많은 비중을 둘 뿐이다.

게다가 최무선의 건의로 1377년에 설치한 화약 무기 제조 기관인 화통도감(火㷁都監)마저 10년여 만에 해체했다. 화통도감에서 최무선 주도로 만든 무기는 화포 등 18가지나 되었다. 최무선은 화포를 장착한 전선(戰船)까지 제작했다. 화약의 폭발력으로 날아가는 화살인 주화(走火)라는 무기도 만들어냈다. 주화는 우리나라 최초의 로켓형 발사체로 평가할 수 있다. 이 주화는 조선 초기 최무선의 아들 최해산(1380~1443)에 의해 세계 최초의 다연장 로켓인 신기전(神機箭) 개발로 이어졌다. 신기전 제작이 성공할 수 있었던 데에는 우리 역사상 대장장이 출신으로 최고위직에 오른 장영실의 힘이 컸다.

아무튼 고려 말 최무선이 만든 화약 무기 중에는 총통이건 탄환이건 철을 녹여 만들어야 하는 게 많았다. 철을 다루는 대장장이와의 협업이 있어야 가능한 것들이었다. 하지만 진포대첩 이후에는 최무선의 활약이 두드러지지 않는다. 최무선이 보이지 않으니, 그의 신무기 위력에 당황해하던 왜적들도 고려 침략을 그치지 않았다.

이처럼 고려 말 국정 시스템이 정상적으로 작동하지 않았던 데에는 지배계층의 무능과 부패가 있었다. 군부의 무능과 나태함을 보여주는 일화가 『고려사절요』(1376년 12월)에 전한다. 장수 김진(金縝)이 직무는 게을리한 채 가까운 장교들과 더불어 밤낮 가리지 않고 기생을 끼고 소주만 마셔댔다. 휘하 군졸들에게는 욕하고 때리기 일쑤였다. 김진의 부대가 왜적과 마주쳤는데 군사들은 물러설 뿐 싸우지 않았다. 군사들은 전투 지시를 따르지 않으면서 "소주 패(燒酒徒, 소주 마시던 무리)를 시켜 적을 치라"고 장교들에게 싸움을 떠

넘겼다. 병사들이 계급 높은 장교들을 싸잡아 '소주
패'라고 야유하는 판에 어찌 적을 이길 수 있었겠는가.

나라가 어지러운 건 늘 인사 실패가 원인으로 작용
한다. 잘못된 인사는 국방과 외교, 민생 등 모든 분야
의 정책 실패로 이어진다. 실례로, 고려 말기에는 시장
에서 장사하는 사람(市井)과 대장장이를 비롯한 각종
기술자(工匠)들을 인사권자와 연고 있는 사람들로 채
우는 지경에 이르렀다. 당시 사람들은 이런 폐단을 일
러 '굴뚝 차례 인사 정책(煙戶政)'이라 꼬집었다. 기술
자를 뽑는데 기술력은 따지지 않고 자신의 집과 가까
운 데 사는 사람이면 채용했다는 거다. 자기 집에서
가까운 굴뚝의 순서에 따라 인사를 했다는 이 웃지
못할 이야기 역시 『고려사절요』(1376년 12월)에 실려
있다.

최무선의 화포 개발이 왜적들의 약탈을 끊어내고
망해가던 고려를 살릴 마지막 찬스였는데 고려는 그
기회를 잡지 못했다. 인사의 잘못 때문이었으리라.

〈장면 2〉

조정래의 대하소설 『아리랑』은 일제 수탈 시기 우
리 민족의 생명력과 끈질긴 투쟁, 그리고 이민사를 다
룬 대서사시다. 소작농과 머슴, 그리고 아나키스트 지
식인의 신산하고도 처절한 삶과 투쟁을 그렸다. 『아리
랑』 제1부 '아, 한반도' 편에 경부선 철도 건설현장의

모습이 그려진다. 시기는 1904년 여름, 일제가 한반도를 거의 다 삼켜가던 때다.

지옥 같은 철도 공사장에 강제로 끌려오다시피 한 지삼출과 강기호, 둘 사이의 대화가 당시 우리 백성들이 나라를 어떻게 바라보았는지 적나라하게 보여 준다. 둘은 동학농민혁명에 참가했다가 구사일생으로 살아난 동학도였다. 그들은 정치권의 무능과 잘못으로 인해 우리의 기술력이 뒤떨어졌고, 이게 결국 나라를 망하게 하는 거라고 여겼다.

지삼출은 기차가 지나갈 철도 레일을 어떻게 만들었는지 신기하게 생각한다. 강기호는 왜놈들은 레일뿐 아니고 총도 만들고 기계로 움직이는 배도 제작할 만큼 기술력이 앞서 있음을 말한다. 지삼출은 '근데 우리는 무얼 하고 있는지 모르겠다'고 혀를 찬다. 그때 강기호는 '우리는 대장장이가 낫이나 만들고 괭이나 만들어서 농사나 지을 뿐'이라고 한탄을 한다. 지삼출은 이 기술력의 차이로 인해 우리가 일제에 먹히는 신세가 되었음을 지적한다. 그 말에 강기호는 고관대작들이 정신을 못 차리고 왜놈들한테 붙어 있으니 나라꼴이 잘 될 턱이 있느냐고 정치권을 향해 화살을 퍼붓는다.

지삼출과 강기호가 철도 건설을 위한 강제노역에 시달리면서도 일제에 빌붙은 고위층을 욕하고 나라를 걱정하던 바로 그 몇 개월 전, 일제는 인천 앞바다에서 러시아를 상대로 전쟁을 시작했다. 동학군 제압을 핑계로 군대를 동원한 일제는 청일전쟁에서 승리한 뒤 한반도 침탈에 자신감을 얻었다. 그러고는 유럽의 강호 러시아와 한판 대결을 벌이기로 한 거였다. 이렇게 한반도는 청일전쟁과 러일전쟁의 판돈으로 전락하고 말았다.

경부선 철도 공사를 시작한 지 1년 뒤인 1902년 우리나라를 방문한 프랑스인 에밀 부르다레(Emile Bourdaret)는 당시 제물포항에 정박한 일본과 러시아의 군함들을 보고 살벌한 느낌을 받았다. 철도 고문 자격으로 우리나라에 온 에밀 부르다레는 일본의 우리나라 식민지화 야욕을 꿰뚫어 보았다. 한반도 땅 곳곳을 둘러본 그는 1904년 『코리아(En Coree)』라는 한국 견문기를 펴냈다. 이 책은 『대한제국 최후의 숨결』이라는 제목으로 번역돼 우리에게 친숙해졌다.

에밀 부르다레는 거북선을 발명해 일본 함선을 물리친 그 이순신의 나라가 어찌하여 뒤처졌는지 납득할 수 없었다. 현대적 기술을 갖춘 일본 배들을 매일같이 보면서도 짚으로 엮어 만든 밧줄이나 나무로 된 권양기를 쓰는 원시적인 방식을 고집하는지 이해할 수 없었다. 부르다레는 서울에서 고철 가게, 나무 가게, 잡화점 등 상가 모습도 선명히 묘사했다. 이 고철 가게의 쓰임이 궁금하다. 아마도 서울의 대장장이들은 이 고철 가게에서 쇳덩이를 구해 새로운 연장을 만들어냈을 거다.

지삼출이나 강기호 같은 우리의 힘없는 백성들이 나라꼴을 걱정하고, 부르다레 같은 외국인들이 침탈 야욕을 불태우는 일본에 비해 크게 떨어지는 기술력에도 불구하고 별다른 걱정이 없어 보이는 우리나라의 현실을 안타깝게 여겼다. 그 몇 해 전 최고위층에서는 그야말로 마지막 몸부림을 하고 있었다. 1895년 2월, 내무대신 박영효는 경기도 등 전국 12개 도에 시찰 위원을 파견했다. 그들에게 40가지 임무를 맡겼는데 그중에 정철(正鐵, 시우쇠), 수철(水鐵, 무쇠) 등을 취급하는 점포의 수와 관련 세금 조항을 조사하라는 내용도 있다. 대장간과 대장간에서 생산해낸 물건을 판매하는 현황을 파악하라는 거였다. 당시 각 도의 시찰 위원들에게 훈시한 이 내용이 매천 황현(1855~1910)의 『오하기문(梧下記聞)』에도 실렸다.

그러나 이런 정부의 노력은 별 효과를 거두지 못했다. 지삼출이나 강기호가 울분을 토한 모리배들 탓이었다. 이게 다 고려 말기와 마찬가지로 수십 년에 걸친 인사 실패 때문이었다. 황현은 『매천야록』에서 잘못된 인사 정책의 일례로 과거(科擧) 문란의 실태를 꼬집었다. 그 실상을 보면 임금과 나이가 같다고 합격시키고, 심지어 본관이 전주 이씨인 종친들은 무조건 통과시켰다. 그 폐해가 오죽했겠는가. 과거시험 감독을 맡은 관료들이 '어(魚)' 자와 '노(魯)' 자를 구분할 줄 모를 지경이었고, 이들이 답안지의 잘잘못을 분간하지 못하는 바람에 재수가 좋은 사람은 합격하고 운 없는 사람은 떨어졌다고 황현은 지적했다. 황현은 또 당시 사람들 사이에 "낫 놓고 ㄱ자도 모르는 사람이 과거를 주재하고, 낫 놓고 ㄱ자도 모르는 사람이 과거를 치르며, 낫 놓고 ㄱ자도 모르는 사람이 과거급제자로 선발된다"는 말이 나돌 정도라고 했다. 이렇게 뽑힌 합격자들이 나라와 백성의 곳간을 훔치는 도둑놈이 되었다. 동학농민혁명 바로 전의 상황이다.

'인사가 만사(萬事)'라는 말은 언제나 옳다. 잘못된 인사는 악순환에 악순환을 낳는다. 그 잘못은 어느 순간 갑자기 오지 않는다. 잘못 뽑은 관료들로 인한 군기(軍器)의 문제점은 외국인의 눈에도 비쳤다. 동학농민혁명 20년 전인 1874년 『조선교회사』라는 책을 펴낸 프랑스 선교사 달레(1829~1878)는 "조선에서는 관직이 공공연하게 매매되고 암행어사까지 권력을 행사해 돈을 모은다. 지방의 병기고에는 도무지 쓸 만한 피복, 탄약, 병기라곤 아무것도 없다. 관리들이 팔아먹었기 때문이다"라고 지적했다.

어지러웠던 조선 말에도 살아날 수 있는 여러 차례의 기회가 있었다. 동학농민혁명 시기가 대표적이다. 그러나 잘못된 인사로 인한 무능한 관료들이 가져오는 해악은 그런 기회를 걷어차게 했다.

고려 말이나 조선 말이나 인사의 난맥이 공통의 문

제였다. 대장장이와 같은 엔지니어의 기술력을 개발하고 이를 통한 국방력 강화에 힘을 쓰는 국가적 시스템이 제대로 작동하지 않았다. 지금 우리는, 이 시대 엔지니어의 원형질인 대장장이를 어떻게 대우하고 있는가.

━━━

이 책은 우리가 하찮게 여기고 그냥 지나칠 수 있는 대장간을 좀더 깊고 폭넓게 들여다보자는 차원에서 꾸몄다. 대장간과 관련한 거라면 분야를 가리지 않고 최대한 많이 실으려고 노력했다. 대장간의 인문학적 향기를 다양한 관점에서 드러내고자 애썼다. 우선은 대장간의 현장을 찾아 거기서 일하는 대장장이들을 만나 얘기를 들었다. 대장간에서 만들어낸 연장들을 사용하는 우리 삶의 현장 속으로도 가보았다. 또한 역사 속에서 대장장이들이 어떻게 그려졌는지, 대장간이나 대장장이는 우리의 문화 속에서 어떤 모습으로 남아 있는지도 살펴보았다. 일본의 조총을 맨 처음 만든 대장장이의 발자취를 찾아 지금까지 흘러온 일본 대장간의 면모도 담아냈다. 물론 조총을 만든 우리 조선의 대장장이들의 수고로움도 빼놓지 않았다.

이 책에서는 우리나라 대장간 5곳, 일본의 다네가시마 대장간 1곳, 이렇게 모두 6곳의 현장 모습을 보여준다. 우리나라에서는 인천의 도심 한복판에 있는 4곳과 옹진군 섬 지역의 대장간 1곳을 대상으로 삼았다. 그곳은 모두 70대 이상의 노인 혼자서 일했다. 젊은 누구도 대장간 일을 배우려 하지 않기 때문이었다. 노인 대장장이들이 일을 그만두면 그 대장간은 영영 사라지고 말 처지다.

우리의 5곳 대장간을 운영하는 노인 대장장이들은 모두가 10대 어린 나이에 대장간을 일을 배웠다. 다들 초등학교를 갓 졸업했을 때 대장간에 취직한 거였다. 지금 시각으로 보면 아동학대라고 야단이었을 일이다.

10대 대장장이 이야기가 나온 김에 한 가지 추가할 내용이 있다. 이 책 원고를 출판사에 넘긴 뒤 그동안 듣지 못했던 대장간 관련 이야기를 알게 되었다. 돌을 캐내는 채석장에도 전문 대장간이 있었다는 거였다. 채석장에는 쇠로 된 굵고 기다란 정이 여럿 필요했는데, 그 정을 전문적으로 다루는 대장간이 채석장마다 딸려 있었다는 얘기였다.

이 이야기는 기호일보 한창원 대표에게서 들었다. 한창원 대표의 어릴 적 집은 인천 문학산 자락, 지금의 인천 연수구 함박마을 부근이었다. 그는 초등학교를 졸업한 뒤 중학교 진학을 못할 정도로 집안 형편이 어려웠다. 그때 6개월 정도 집 근처 채석장 대장간에서 일한 적이 있다. 1972년이었다. 문학산에는 연수구 방면으로만 당시 6곳의 채석장이 있었다고 한 대표는 기억한다. 동네 사람들은 채석장을 '돌간'이라고 불렀다.

채석장에서는 다이너마이트를 넣는 구멍을 뚫는데 3~4개의 정을 사용했다. 짧은 것, 중간 것, 긴 것 등으로 30센티 정도 되는 것에서 1미터 가까이 되는 것까지 여럿이었다. 그 정을 커다란 해머로 내리쳐서 바위에 구멍을 냈고 그곳에 다이너마이트를 넣어 폭파했다. 쇠로 된 정이었지만 단단한 바위에 구멍을 내자니 하루를 쓰기가 무섭게 무뎌졌다. 그걸 뾰족하게 벼리는 일을 하는 게 채석장 대장간이었다. 한창원 대표는 대장간에서 화로에 바람을 넣는 송풍기 돌리는 일을 맡았다. 옛날식으로 치면 풀무잡이였던 거다. 채석장 한 곳마다 2인 1조로 된 구멍 뚫는 팀이 여럿 있었다. 다이너마이트를 터뜨릴 때는 "남포~~"라고 큰소리로 외쳤다고 한다. 돌 파편을 피하라는 신호였다. 남포는 다이너마이트를 일컫는다.

채석장 대장간 이야기를 여기서 이렇게나마 추가할 수 있게 된 게 얼마나 고마운지 모르겠다. 본문 중 「대장장이, 국보 1호를 복구하다」 편에서 이동식 대장간, 즉 떠돌이 대장간 이야기를 실었는데 여기에 채석장 대장간 얘기까지 더하게 되었다. 채석장 대장간이나 떠돌이 대장간 이야기는 어디서건 쉽게 들을 수 있는 게 아니다. 그 경험자들이 많지 않기 때문이다.

이 책을 쓰겠다고 처음 덤볐을 때부터 지금까지의 과정을 돌이켜보니 고마운 분들이 한둘이 아니다. 뭐니 뭐니 해도 가장 고마운 건 이때껏 대장간 현장을 지켜내온 이 땅의 나이 드신 대장장이 장인들이다. 취재하고 글을 쓰면서 힘에 부칠 때마다 대장간 현장을 찾아 그분들의 망치질 소리를 들으며 힘을 얻고는 했다. 1938년생 최고령 대장장이가 일하는 인천의 인일철공소는 지난 연말부터 벌써 한 달 넘게 문을 닫아 놓고 있다. 대장장이 할아버지가 편찮으셔서다. 하루빨리 털고 일어나 대장간 문을 다시 여시기를 바랄 뿐이다.

이 책은 2023년 2월부터 7월까지 매주 한 차례씩 총 22회에 걸쳐 오마이뉴스에 '정진오의 대장간 이야기'라는 제목으로 연재한 내용을 바탕으로 삼았다. 연재를 마치고 나서 일부 부족한 점을 보완하고 다듬었다. 기사가 나갈 때마다 격려해주신 분들에게 마음속에서 우러나는 감사의 인사를 전한다. 또한 연재하는 동안 가욋일임에도 불구하고 원고를 받아 검토하고 일일이 편집하는 수고를 마다하지 않은 오마이뉴스 이한기 기자에게도 고마운 마음이 여간 큰 게 아니다.

이 책의 출판을 선뜻 맡아준, 교산(蛟山) 허균과 여

유당(與猶堂) 정약용의 인문정신을 실현하고자 애쓰는 교유서가 신정민 대표에게도 감사 말씀을 드린다.

　도시마다 그 지역에 어울리는 대장간 한두 곳쯤은 보존해야 하는 게 아닌가 싶다. 그래야 그 고장의 기술 원점을 지켜낼 수 있기 때문이다. 그게 더 나은 기술을 창출해내기 위한 최소한의 사회적 성의라고 생각한다. 허균은 자신의 책이 장독을 덮는 덮개로라도 쓰였으면 하고 바랐다. 내 나름으로는 힘을 들여 쓴 이 책이 우리 첨단 기술의 원점인 대장간을 알아가는 데 아주 작은 쓰임새라도 있다면 더할 나위가 없겠다.

2024년 1월 말
정진오 삼가 씀

차례

1.
최고령 대장장이의
하루

―1938년생 송종화 장인

85세 대장장이의 얼굴이 벌겋게 달아올랐다. 화로에
서는 지름 5센티가 넘는 굵은 쇠막대기가 누런 색깔
로 달구어졌다. 대장장이는 커다란 집게로 그 쇠막대
기의 끝을 잡고 바로 옆에 놓인 기계 해머(스프링 해
머) 쪽으로 가져갔다. 의자에 앉아 오른발로 해머 페
달을 밟자 해머 머리인 네모난 쇳덩이가 내리치기 시
작했다. 땅~땅~땅~땅~. 대장장이는 양손으로 쥔
쇠막대기를 해머가 고르게 때릴 수 있도록 좌우로 돌
리기도 하고, 밀었다 당겼다 하기도 했다. 그렇게 몇
차례 했더니 길이가 30센티가 채 안 되던 쇠막대기는
굵기가 약간 가늘어지고 길이는 3센티 정도 더 늘어
나 있었다. 망강이라 불리는 쇠인데 강철 중에서도 단
단한 축에 든다고 한다. 워낙 강하다보니 불에 달군
뒤 망치질을 해도 웬만해서는 잘 늘어나지 않는데,
그 단단한 걸 더 강하게 해달라면서 어느 공장에서

맡겼다고 했다.

2023년 1월 12일, 인천광역시 중구 참외전로 대장간 골목의 최고령 대장장이가 일하는 인일철공소는 여느 때처럼 바쁘게 돌아갔다. 주인 겸 대장은 1938년생 범띠 송종화 장인. 1953년 15세 때 처음 대장간에 발을 디뎠다. 대장간 일을 배운 지 꼭 70년. 안경도 쓰지 않았는데 밀리미터 눈금까지 정확히 잰다. 혼자서 하다보니 힘에 부치는 일도 많지만 쇠를 다루는 솜씨만큼은 한창때와 진배없다.

전철역과 가깝고 대로변에 있는 이 도심 속 대장간의 손님들은 다양하다. 각종 공장에서 필요한 것들을 주문하기도 하고, 건설현장에서 쓰는 연장을 부탁하기도 한다. 어구나 농기구를 사가기도 하고, 고장 난 것들을 고쳐달라면서 가져오기도 한다. 전국 각지에서 주문하는 물건도 있다. 마침 망강으로 된 쇠막대기 작업이 끝나고 커다란 집게 만드는 일을 하고 있는데 60대로 보이는 여성 둘이 찾아왔다. 저마다 메고 온 가방에서 뭔가를 꺼냈다. 바닷가에서 굴을 따는 조새라고 하는 도구였는데 모양이 서로 달랐다. 그런데 하나는 뒤쪽 끝 가느다란 쇠꼬챙이가 부러져나갔고, 또하나는 앞쪽의 쇠 날이 너무 많이 휘어 있었다. 둘 다 불에 달궈 망치질하는 작업이 필수였다. 화로가 있는 대장간이 아니고서는 할 수 없는 일이다. 부러진 쇠꼬챙이를 새로 끼우고, 앞의 무뎌진 데를 뾰족

하게 벼리는 일이 끝나자 새것과 다름없었다. 얼마냐
니까 3000원이라고 했다. 구부러진 것을 펴는 작업은
1500원을 받았다. 손님은 500원 잔돈이 없었고, 주인
은 거스름돈을 마련하느라 애를 먹었다. 이들은 인천
남동구 만수동에서 왔다고 했다. 겨울이면 가끔 영종
도 옆 실미도 쪽 바닷가에 나가 굴을 딴단다. 이 작업
도구를 고치기 위해 인천지하철 2호선을 타고, 다시
주안역에서 경인전철로 갈아탄 뒤 도원역에 내려서
여기까지 온 거였다.

송종화 장인이 굵은
쇠막대기를 달구고
있다.

2023년 설 연휴가 코앞이던 1월 19일 오후, 설 잘
쇠시라고 인일철공소에 인사를 겸해 갔다가 색다른

광경을 보게 되었다. 화로에서 시뻘겋게 익은 쇳덩이를 새카만 기름통에 담그는 게 아닌가. 기름에 불을 가져가다니. 불이 번지지 않을까 걱정했는데, 기름 표면에서만 확~~ 하고 불꽃이 일다가 금세 꺼졌다. 기름통 안에 든 기름은 엔진오일이라고 했다. 폐유냐고 물었더니 새것이란다. 색깔이 검게 변한 것은 불에 달구어진 쇠를 담그는 순간 오일이 타기 때문이라고 했다. 자동차 엔진오일을 새로 넣은 지 얼마 안 되어도 금방 까매지는 것과 같은 원리였다. 엔진오일은 휘발성이 높지 않아서 담금질이 가능하다고 했다. 그런데 아무 작업이나 기름에 담그는 게 아니고 보통은 물로 담금질을 하는데, 단단한 쇠를 다룰 때는 기름에 넣는다. 쇠의 재질에 따라 물이냐 기름이냐가 갈린다. 송 장인은 이 쇳덩이들을 화로에 넣어 달구고, 해머로 두드려 불리고, 적당히 날을 세운 뒤 물에 담갔다가 다시 달구었고, 마지막 공정으로 기름통에 넣어 식혔다. 그리고 너무 오래 두지 않고 꺼내서 기름기를 뺐다. 바로 그때 화물차를 몰고 온 손님이 들어서면서 "노미 세 개요~~"라고 말했다. 기름통의 그 쇳덩이 얘기였다. 그는 아침에 맡기고 간 걸 찾으러 온 굴착기 기사였다. 굴착기를 코끼리로 비유하자면, 이 쇳덩이는 코끝에 매달아 콕~콕~콕~ 돌을 찍어내거나 단단한 땅을 파내는 뾰족한 쇠침 같은 거였다. 이게 무뎌지자 벼려달라고 맡긴 거였다.

굴착기(掘鑿機) 기사가 얘기한 노미(のみ, 鑿)는 일본말이다. 우리로 치면 나무에 홈을 파는 끌이나 돌에 구멍을 뚫는 정을 말한다. 건설현장이 유난히 그렇지만 대장간에도 일본말 용어가 많다. 대표적인 게 달궈진 쇠를 물에 넣었다 뺐다 하는 담금질. 대장장이들은 이를 흔히 '야끼 넣는다'고 표현한다. 여기서 야끼(やき, 야키)는 '야키 만두' 할 때의 야키다. 굽는다는 뜻도 있고, 담금질한다는 뜻도 있다. 송종화 장인은 이 야키 넣는 기술의 국내 일인자임을 자처한다. 대장장이 일 중에서 가장 중요하면서도 어려운 게 담금질이다. 쇠의 강도를 결정짓는 과정이 담금질이다. 쇠가 강해지느냐 약해지느냐 하는 결정적 순간이 바로 이때다. 물 야키건 기름 야키건 이 야키를 잘 넣어야 쇠가 단단하면서도 부러지지 않고, 이가 빠지지도 않는 좋은 물건이 된다. 송 장인은 담금질 비법을 음식 조리에 비유했다. 유명 맛집의 숙수가 음식을 만드는 재료의 비율이나 불의 세기 등을 누구에게도 알려주는 법이 없듯이 대장장이도 자신만의 담금질 기술을 누구한테도 가르쳐주지 않는다고 했다. 그저 일하면서 어깨너머로 익히고 자꾸 해보면서 요령을 터득하는 수밖에 없다는 거다.

송종화 장인이 스스로 담금질 기술의 국내 일인자라고 얘기하는 순간, 벽면에 걸린 메모판에 눈길이 갔다. '엿가위 1조(組)'라는 글씨와 핸드폰 번호가 적혀 있었다. 그 번호의 임자가 엿가위 2개를 만들어달라고 주문한 거였다. 요새 엿가위는 엿을 치는 도구라기보다는 소리를 내는 악기로 쓰이는 경우가 많다. 풍물공연이 펼쳐지는 곳에서는 어김없이 각설이 차림을 한 엿장수들의 모습을 볼 수 있다. 엿가위는 보통 양손에 쥐고 소리를 내기 때문에 1조가 2개다. 1조를 한 벌이라고도 한다.

송종화 장인을 만난 지가 8년이 넘는데 그동안 여러 차례 들렀으면서도 엿가위 만드는 걸 본 기억이 없다. 엿가위도 만드시냐고 했더니, 선반 한쪽 귀퉁이에서 예전의 주문지를 한 움큼 꺼낸다. 주문자의 주소와 전화번호며 수량 등이 적혀 있다. 주소는 전국에 걸쳐 있었다. 얼핏 몇 장만 보았는데, 멀리는 제주도,

송종화 장인이 만든
엿가위 한 벌.

부산 해운대, 울산, 경남 함안 등지에서부터 가깝게는 경기도 안양, 서울 등 그야말로 전국 각지에서 엿가위를 만들어 보내달라는 주문이었다. 이처럼 전국 각지에서 밀려든 지난날의 주문서들은 엿가위 역시 송 장인이 대한민국 최고임을 입증하는 증명서나 마찬가지였다. 그런데 3년여 전부터 엿가위를 만들지 않았다. 하루종일 일해야 엿가위 3개가 고작이란다. 한 벌 반, 엿장수 2명 몫도 안 된다. 그만큼 손이 많이 간다. 당시 15만 원을 받았는데 도무지 타산이 맞지 않았다. 그래서 아예 만드는 걸 포기했던 거다. 그러다가 얼마 전부터 다시 주문을 받기 시작했다. 이제는 20만 원을 받는다. 물가 인상분을 반영하면 그야말로 남는 게 없다.

송종화 장인의 엿가위가 전국에 소문이 난 것은 겉모양도 겉모양이지만 소리가 특별해서라고 한다. 가위가 좋은 소리를 낼 수 있게 하려면 쇠를 잘 때려서 풀어낼 줄 알아야 한다고 송 장인은 강조한다. 엿가위는 낫처럼 굳이 단단할 필요가 없다보니 야키를 넣지 않는다. 그러면 쇠를 잘 때려서 풀어낸다는 말은 무엇을 이르는가. 달구어진 쇠를 망치로 두드려서 얇게 펴는 걸 잘해야 한다는 얘기다. 이게 바로 쇠를 불리는 공정이다. 적당한 온도로 달구어낼 줄 알아야 하고, 여기에 숙련된 망치질이 더해져야 한다. 송 장인의 망치질은 리듬을 탄다. 쇠를 두드리는 강약 조절에

리듬이 실려 있다. 망치가 쇠에 닿는 순간 밖으로 밀기도 하고, 안으로 당기기도 한다. 망치를 쥔 손에 힘을 주기도 하고, 망치의 무게보다도 더 가볍게 내리치기도 한다. 그러면서 두툼하던 쇠가 넓게 펴지고 모양이 잡힌다. 송 장인의 망치질은 마치 악기 연주처럼 흥겹게 들리기도 한다.

송종화 장인과 엿가위를 연결하면서 빼놓을 수 없는 얘기가 하나 더 있다. 둥그렇게 말려 있는 엿가위 손잡이. 볼펜처럼 가느다라면서도 원통형으로 길게 돼 있는 것을 둥그런 모양으로 구부려 마무리한다. 예전에는 둥그렇게 말린 손잡이 부분이 볼펜 같은 원통형이 아니라 사각형으로 모가 져 있었다. 다듬기는 했지만 모가 져 있으니 가위질을 오래 하게 되면 손이 여간 아픈 게 아니었다. 그렇다고 엿가위를 공장 제품들처럼 플라스틱 손잡이로 찍어낼 수도 없다. 대개의 엿가위는 자동차 바퀴 쪽 판스프링으로 만든다. 판스프링은 네모나 있으면서 평면이다. 30센티 자를 연상하면 그 모양이 가늠이 간다. 이 네모난 것을 두드려서 손잡이를 만들어야 하는데 볼펜처럼 원통으로 만들기가 쉽지 않다. 송 장인은 엿장수들의 손이 아플 것을 생각했다. 네모난 판스프링을 원통이 될 때까지 망치질을 했다. 비록 한 사람의 대장장이는 힘들지만 수많은 엿장수들은 가위질을 손이 아프지 않게 할 수 있었다. 송 장인은 자신이 엿가위 손잡이를 원통으로 만들어내기 전에는 그런 원통형을 본 적이 없다고 했다. 그래서 본인이 최초라고 생각한다. 지금은 다들 엿가위의 손잡이를 원통으로 만든다. 엿가위 하나에도 사용자를 향한 장인의 배려가 녹아 있다.

대장장이에게 야키 넣는 기술이나 망치질의 숙련도가 중요한 것처럼 불을 다루는 솜씨 또한 빼놓을 수 없다. 송 장인은 쇠를 불에 달구는 것을 굽는다고 표현한다. 쇠를 잘 굽기 위해서는 재질에 따라 불의 온도를 달리할 줄 알아야 한다. 송풍기의 세기를 적절히 조절해야 하고, 괴탄이라고 하는 석탄의 양도 잘 맞추어야 한다. 쇠가 아무리 단단하다고는 해도 센 불에 자칫 너무 오래 넣어두면 녹아버려 쓸 수가 없다. 그런 까닭에 화로에서 쇠를 달구는 불 조절과 시간 맞춤이 중요하다. 이 불 솜씨는 대장간의 기본 중의 기본이다. 불을 안 뒤에야 망치질을 알게 되고, 그다음에 야키 넣는 법을 배우게 된다. 대장간에서 일을 익히는 순서가 그렇다.

송종화 장인은 80대 중반의 고령임에도 좀처럼 쉬는 법이 없다. 토요일에도 오후 2~3시까지는 문을 연다. 건설현장이 토요일에도 작업하는 경우가 많기 때문이다. 코로나19 예방접종을 받은 날까지 일을 했을 정도다. 2022년 10월 12일이었다. 송 장인은 4차 예방접종을 하느라 좀 늦게 나왔다고 했다. "오늘 같은 날은 쉬셔야 하는 거 아니에요?"라고 하니, "아이, 뭘 쉬어요"라면서 벽돌 망치 만드는 일을 계속했다.

강력한 한파로 온 나라가 얼어붙었던 2023년 1월 25일, 설 연휴 뒤 첫날. 인일철공소의 문은 열려 있었지만 화로의 불은 꺼져 있었다. 야키 넣는 물통의 물은 꽁꽁 얼어 있었다. 노(爐)는 새것이었다. 연휴가 시작되기 전날 흙을 이겨 새로 바른 거였다. 명절 연휴 앞뒤로는 일감이 없다. 노를 새로 바르거나 다음 일감을 준비하거나 한다. 송종화 장인은 매일같이 대장간 셔터를 올리자마자 노에 불을 지피고, 퇴근하기 직전 불을 끈다. 노는 대장간 일의 시작이자 마무리다.

2.
송종화 장인의
대장장이 되기

송종화 장인이 대장간에서 일자리를 처음으로 구한 것은 70년 전인 1953년 1월이다. 그 대장간은 2023년 지금 일하는 곳에서 불과 100미터도 떨어지지 않은 곳에 있었다. 황곡철공소. 전쟁이 채 끝나지 않은 겨울, 초등학교를 갓 졸업한 아이가 대장간에서 일을 하겠다고 나섰다. 4형제였는데, 부모님도 일찍 돌아가시고 할머니와 생활하던 때였다. 전쟁 통에 집에 폭격도 맞았다. 식구들이 밥 먹다가 맨몸으로 뛰쳐나와 겨우 목숨을 부지했다. 폭삭 주저앉은 집에서 건질 거라곤 없었다. 시도(矢島)며 율도(栗島) 같은 가까운 섬으로 피란도 몇 차례나 떠났다. 그 어린 나이에 먹고살기 위한 호구지책으로 대장간에 들어갔다. 제물포역 앞에 있던 집에서 황곡철공소까지는 그리 멀지 않았다. 지금으로 치면 제물포역에서 도원역까지, 전철로 한 정거장 거리였다. 송 장인 표현대로 초기에는 월급이라고 할 것도 없이 세탁비 정도만 받으며 매일같이 걸어서 집과 대장간을 오갔다. 쉬는 날도 거의 없어서 한 달에 두어 번 쉴 뿐이었다.

황곡철공소는 당시 초가집이었다. 대장 주인은 40대 아저씨였다. 지금의 도원역 앞 고갯길이 예전에는 작은 길이었는데 그곳을 황골고개라고 불렀다. 줄여서 황곡(黃谷)이라 하기도 했다. 주인 대장이 거기에서 황곡이라는 이름을 딴 거였다.

송종화 장인은 대장간에 들어가자마자 풍구질(풀무질)부터 배웠다. 화로에 바람을 일으켜 쇠를 달구는 일이다. 그것만 2년 정도 했다. 그 뒤로는 해머질이라고 하는 메질만 4~5년을 했다. 송 장인은 말한다. 대장장이 기술을 제대로 익히려면 최소 5~6년은 필요하다고. 그것도 농땡이 부리지 않고 열심히 하면서 손재주가 뒷받침되는 조건으로.

황곡철공소의 직원은 4명이었다. 주인인 대장과 메질꾼 2명, 풍구질 1명. 바쁠 때는 메질꾼 3명으로 늘었다. 대장간에서는 달궈진 쇠를 받쳐놓고 두드리는 모루가 중심에 놓인다. 모루는 어느 대장간이든 화로 가까이에 있게 마련인데, 모루에 쇠를 올려놓고 붙잡는 대장이 모루의 한쪽 면 가운데에 선다. 메질꾼 3명을 기준으로 했을 때 모루의 뾰족한 머리 쪽 메질꾼을 견메, 대장과 마주보는 메질꾼을 앞메, 그 앞메의 오른편 메질꾼을 북견메라고 불렀다고 송 장인은 얘기한다. 메질꾼이 둘일 때는 대장 앞쪽에서 견메와 앞메가 메질을 했다. 여기서 메는 해머라고 하는 커다란 망치를 말한다. 메질꾼 중에서 실력이 가장 뛰어난 사람이 견메를 잡았다고 한다. 셋 중의 우두머리이자 대장 바로 아래 서열이 견메인데, 이 견메가 메질을 이끄는 역할을 한다. 견메가 잘해야 메질 작업이 순조롭게 이루어진다. 같은 메라도 자세히 살펴보면 견메와 앞메는 머리 부분에 뚫은 자루 구멍의 위치가 다르다. 대장이 쇠를 잡아주고 견메와 앞메, 북견메, 이렇게 메질꾼 셋이서 메질을 하는 것을 세메질이라고 부른다.

송종화 장인이 어려서 일하던 1950년대 중후반 황곡철공소에서는 농사일에 쓰는 도구들을 주로 만들었다. 바닷가나 섬 지역에는 곳곳에 작은 대장간들이 있었고, 공장이나 공사현장도 변변치 않았으니 거기에 필요한 것들을 만들 기회가 많지 않았다. 쇠스랑이나 작두, 호미, 낫 같은 농구를 주로 만들었다. 쟁기질에 필수인 보습이나 나무를 찍어내는 데 쓰는 자귀, 목재를 다듬는 대팻날, 칼, 도끼, 망치, 엿가위 같은 것들을 만들기도 했다. 송 장인의 대한민국 첫째가는 엿가위 제작 실력은 황곡철공소에서 어려서부터 익힌 기술이다.

농기구는 우리 것과 중국식을 따로 만들었다. 우리 대장간에서 웬 중국식 농기구냐고? 요즘 인천의

낙지 삽을 만들기 위
해 철판을 재단하는
송종화 장인.

화교(華僑) 하면 대개는 차이나타운의 중국음식점을
떠올리겠지만 1950~60년대만 하더라도 인천에는 농
사짓는 화교들이 많았다. 박정희 정권 시절, 1970년대
화교들의 경제 주권을 억압하는 정책이 시행되기 전
까지 용현, 주안, 부평 등 인천의 밭농사 대부분은 화
교들이 장악하고 있었다. 우리나라 화농(華農)의 역사
도 제법 오래되었다. 일제강점기에도 화농들의 세가
만만치 않았는데, 1912년에는 인천과 부천의 화교 농

부들이 모여 인천농업공의회(仁川農業公議會)라는 조직까지 갖출 정도였다. 인천 중구 신포동과 내동에는 화교들이 재배한 채소만 따로 파는 전문 시장까지 있었다. 이를 재현하기 위해 신포시장 안에는 화교 푸성귀 시장 기념 조형물을 세워놓았다. 화교 남성이 꼬마를 데리고 나온 조선인 아낙과 일본 여성에게 채소를 판매하는 모습이다. 2005년에 건립했다. 화교 채소상과 채소재배 농민들의 모임도 별도로 있었는데 인천중화농업회(仁川中華農業會)라 했다. 화농들은 주로 산둥성 출신이 많았는데 중국식으로 농사를 지었다. 당연히 농기구들도 중국식이었다. 화교가 운영하던 대장간이 거의 없었기 때문에 화농들은 호미나 쇠스랑 같은 자기네 농기구를 만들려면 우리 대장간을 찾을 수밖에 없었다. 황곡철공소 같은 인천의 대장간에서 중국식 농기구를 만들게 된 연유다. 1970년대 중반 이후 화교들이 부동산을 소유할 수 없게 되면서 그들은 농사를 포기하게 되었고, 자연스레 대장간에서 중국식 농기구를 만드는 일도 사라졌다.

화교 농민 사회의 부침은 화교소학교의 개교와 폐교로 이어졌다. 인천의 화교 어린이들이 다니던 소학교는 1902년에 세워진 인천화교소학(仁川華僑小學)이 핵심이다. 중국 인천영사관은 1914년에 인천화교소학을 근대식 공립학교로 전환했다. 인천대학교 중국학술원 중국·화교문화연구소가 기획해 엮은 『한반도화

벽돌 망치를 만들기 위해 불에 달궈진 쇳덩이를 모루 위에 올려놓고 두드리는 송종화 장인.

교사전』에 따르면 1957년의 인천화교소학 학생 수는 545명이었다. 2001년 초등부와 유치부를 합친 260명의 두 배가 넘었다.

송종화 장인이 중국식 농기구들을 만들던 1950년대 중후반에는 화교 사회가 인천지역 주요 집단 중의 하나였다. 이때 화교 사회의 구심점 역할을 하던 조직이 인천화교자치구(仁川華僑自治區)였다. 인천항 개항 직후 형성된 중화회관(中華會館), 중화상회(中華商會)

등에서 출발한 단체다. 1959년 발간된 『경기사전(京畿事典)』은 '인천의 공공기관' 항목에 공공기관 9곳을 소개하고 있는데 그중 한 곳이 인천화교자치구다. 『경기사전』에 등장하는 공공기관 9곳은 대한적십자사경기지사, 인천상공회의소, 경기도어업조합연합회, 인천어업조합, 인천시축산협동조합, 경기지구범선조합, 인천중앙공설시장번영회, 인천시원예협동조합, 인천화교자치구였다. 인천화교자치구가 인천상공회의소 등과 어깨를 나란히 했다는 얘기인데, 이는 당시 인천지역에서 화교의 위상이 그만큼 높았음을 보여준다. 그래선지 인천화교소학에서는 여러 곳에 분교를 설치했다. 『한반도화교사전』에 따르면 해방 직후인 1946년에 인천화교소학 주안분교가 세워져 1976년까지 운영되었다. 부평지역에서는 인천화교소학 부평분교가 한국전쟁 때 설립되었는데 1986년 7월 문을 닫았다. 인천화교소학 용현분교도 있었는데 이 역시 한국전쟁 때 문을 열어 용현동 지역 화교 학생들을 가르치다가 1987년 폐교했다. 소학교 분교가 있던 주안, 부평, 용현 지역은 모두 인천지역 화농들의 주요 거점이었다. 이렇듯 송 장인이 대장간 일을 시작한 황곡철공소의 오래된 기억은 인천지역 화교 사회의 옛이야기까지도 살필 수 있게 한다.

예전 대장간에서는 물건을 만들기 위한 원재료인 쇠를 구하기가 여의치 않았다. 지금은 흔하디흔한 자동차 판스프링 같은 것이 당시에는 별로 많지 않았다. 여러 가지 고철을 취급하는 고물상에서 조달했는데, 철길을 놓는 레일이 가장 좋은 재료였다. I자형으로 된 레일을 쪼개서 칼이나 도끼, 망치 같은 것들을 만들었다. 그러면 이런 쇠를 달구는 석탄은 어디서 구했을까. 송 장인은 좀 색다른 얘기를 했다. 석탄을 보따리에 싸들고 다니면서 대장간 등지에 파는 아주머니들이 있었다는 거였다. 석탄 보따리상 아줌마. 1960~70년대 부평 미군부대에서 흘러나온 커피잔을 비롯한 온갖 미군 물품을 팔러 다녔다는 보따리상 이야기는 많이 들었는데 석탄 보따리상 얘기는 처음이었다. 아줌마들은 이 석탄을 어디서 구했을까. 오정희의 소설 「중국인 거리」에 답이 있다. 이 작품은 1947년 생 작가의 초등학교 시절, 그러니까 송 장인이 황곡 철공소에서 일하던 바로 그 1950년대 후반의 이야기다. 지금의 인천역 부근과 차이나타운 일대가 주요 배경이다. 화물열차가 인천항 근처 저탄장에 석탄을 부리기 위해 드나드는 모습으로 소설은 시작한다. 동네 아이들은 열차가 멈춰 서면 재빨리 바퀴 사이로 들어가 철길에 떨어진 석탄가루를 훑어내기도 하고, 화물칸의 벌어진 문짝 사이로 팔을 집어넣어 조개탄을 끄집어내기도 했다. 아이들은 이런 식으로 작업 인부들 모르게 신발주머니나 시멘트 부대 같은 데에 석탄을 담아 선창의 간이음식점에서 만두나 찐빵과 바꾸어

먹기도 하고, 군고구마나 사탕, 딱지와 맞바꾸기도 했다. 이 동네에서 석탄은 현금과 마찬가지였다. 아이들은 그 석탄을 챙기느라 얼굴과 팔다리는 물론이고 온몸이 새까맣게 되었다. 작가는 이 아이들이 얼마나 까맸는지 검정 강아지라고 표현했다. 학교에서는 이 동네 아이들이 등교하면 따로 불러내어 귀 뒤, 목덜미, 발가락, 손톱 밑까지 탄가루가 있는지 확인했다. 동네 사람들은 사시사철 석탄가루에 시달렸다. 빨래를 해서 밖에 널 수도 없었다. 이 동네를 괴롭히던 저탄장의 석탄이 대장간까지 흘러들었던 거였다.

소설 「중국인 거리」에는 아이들 얘기만 나오지만, 현실에선 어른들도 석탄 열차에서 아이들보다 더 많

인천 중구 신포시장 안에 있는 화교 푸성귀 시장 기념 조형물.

은 양을 빼내어 석탄이 필요한 대장간 등지에 팔았다. 일종의 밀거래였다. 아이들은 아마도 어른들이 하는 양을 보고서 배웠을 터. 미군부대에서 뜯지도 않은 새 물건들이 밖으로 나오는 루트가 있었듯이, 저탄장도 그런 연결 고리가 있었을지도 모른다. 송 장인이 들려준 대장간과 석탄 보따리상 아줌마 얘기는 고단했던 시절의 참으로 가슴 아픈 대목이 아닐 수 없다. 저탄장 주변에서나 가능했던 석탄의 현금화는 석탄가루에 사철 새까맣게 묻혀 살아야 하는 주민들에게 최소한의 보상이었다고 생각해두자.

송종화 장인은 군에 입대하느라 그만둘 때까지 황곡철공소에서 일했다. 또래의 다른 이들보다 몇 년이나 늦게 입대했다. 형님이 군대에 간 뒤 얼마 지나지 않아 징집영장이 나왔지만 동생들이 어리다보니 형제가 둘이나 군대에 갈 수 없었다. 그래서 생계를 위해 어쩔 수 없이 기피자 신세가 된 거였다. 당시에는 송 장인과 같은 생계형 군 기피자가 무척이나 많았던지 5·16 쿠데타 이후 박정희 정권은 군 기피자 자수 기간을 두기도 했다. 송 장인도 이때를 이용해 별도의 처벌 없이 입대했다고 한다.

군복무를 마친 뒤에도 인천의 대장간에서 일했다. 그러다가 남들보다 늦은 서른에 결혼을 했다. 결혼 후 대장간 일을 때려치운 적도 있다. 힘든 일을 하고 싶지 않아서였다. 서울 사당동 쪽으로 가서 발전소와 관

련 있는 공업사를 한 적도 있고, 경기도 성남에서 부
동산업에 손을 대기도 했다. 그러나 별다른 재미를
보지 못했다. 다시 인천행이었고, 대장간이었다. 인천
동구 만석동에 있던 대장간에 들어갔다. 배에서 쓰는
커다란 닻을 주로 만들었다. 당시 인천에는 조기잡이
배들이 전국에서 몰려들었다. 1970년대 초반까지 인
천은 막바지 파시의 황금기를 누리고 있었으니 인천
의 대장간들도 고기잡이에 필요한 선구(船具)가 주요
일감이었다. 송 장인은 지금도 닻은 물론이고 배와 관
련한 이런저런 물건을 만드는 데 거부감이 전혀 없다.
이때의 경험이 자산이 되었다. 인천역 뒤쪽에 있던 부
두가 지금의 연안부두로 옮겨가던 시절에 그곳에서
대장간을 열기도 했다. 배와 관련한 일감이 많을 것으
로 생각해서였다. 그러나 신통치가 않았다. 송 장인은
연안부두를 떠나 다시 옛 도원동 대장간 거리로 돌아
왔다. 지금의 인일철공소 건너편이었다. 그때는 경인
전철 철로 변으로 고물상과 철공소 등이 길게 늘어서
있었다. 그러다가 경인전철 복복선 공사를 하게 되면
서 다들 떠나야 했다. 많은 이들이 가까운 숭의동에
새롭게 자리를 잡았다. 숭의동 공구상가가 이때 형성
되었다. 1976년 송 장인은 숭의동으로 가지 않고 선반
(旋盤)을 하던 맞은편의 조그만 이층집을 사서 들어
왔다.

당시 인천에는 여러 공장지대가 들어서기 시작했

고 공장을 돌리기 위한 기계에는 각종 부품이 수시로 필요했다. 현대식 공장이 대장간의 새로운 고객이 되었다. 철물점에서 판매하는 제품들도 대장간에서 만들어 대던 때가 있었다. 철물점이 대장간 생산품의 도매상 격이었던 거다. 대장간의 호경기라고 할 수 있었다. 그런데 1990년대 이후 값싼 중국산 제품들이 철물점을 차지하기 시작했고, 공장들도 인천을 떠났다. 이 자리에서만 그렇게 47년. 대장간 일을 배우려는 사람도 이제는 없다. 85세에 혼자서 1인 4역을 소화해야 하는 송종화 장인의 철공소 망치질 소리는 그래도 여전히 힘차다.

3.
국내 마지막 대장간 거리,
인천 도원동

도시마다 유명한 먹자골목 한두 곳씩은 있게 마련이다. 서울 신당동 하면 떡볶이가 떠오르고, 시화방조제를 지나 인천 영흥도 가는 길에는 해물칼국수 파는 집들이 즐비하다. 모여 있으면 손님을 끄는 힘도 그만큼 강하게 마련이다.

대장간도 그랬던 적이 있다. 서울 을지로 7가가 대표적인 대장간 거리였다. 녹번동이나 수색, 구파발 등지에도 대장간이 많았다. 그런 대장간들이 1970~80년대의 급격한 산업구조 개편과 도시개발을 거치면서 사양길로 접어들었다.

서울시는 미래유산보존위원회를 구성해 미래 세대에 남길 가치가 있다고 인정되는 489개의 서울미래유산을 지정했다. 그중 두번째가 대장간이다. 서울역사박물관은 대장간 네 곳을 선정해 1년간 조사하며 기록에 나섰다. 그 결과물로 「서울의 대장간」이라는 보

고서를 2021년 펴냈다. 이 자료에 따르면 서울의 대장
장이들은 조선시대에 무기를 제조하던 데서 출발한
다. 무기를 만들던 각 군영(軍營)이 을지로 7가 일대에
있었는데, 여기서 일하던 야장(冶匠)들이 을지로 7가
의 대장간과 철물 산업의 역사로 이어졌다는 거다. 이
곳에 수십 곳이나 밀집해 있던 대장간은 다 떠나가고
이제는 두 곳만 남아 있다. 《조선일보》는 1980년 '사
라져 가는 풍물―옛것의 아쉬움 그 정취를 찾아'라
는 제목의 기획 시리즈를 내보냈다. 그 첫번째가 대장
간이었다. 4월 15일 자 기사에 따르면 당시 서울에서
영업하던 대장간은 50여 곳이었다.

그로부터 40여 년. 이제 우리나라에서는 대장간이
모여 있는 곳을 좀처럼 찾아보기 어렵게 되었다. 그나
마 인천광역시 중구 도원동에 대장간 셋이 바짝 붙어
있는 데가 있다. 다소 옹색하기는 하지만 국내에 마
지막 남은 대장간 골목이자 대장간 거리라고 말할 수
있다. 동인천역에서 제물포역 가는 대로변 도원역 부
근에 인일철공소, 인천철공소, 인해대장간, 이렇게 셋
이 모여 화로에 불을 피우고 망치질 소리를 내고 있
다. 2022년 여름까지 도원철공소가 이 동네에 있었는
데, 가게를 비워달라는 건물주 요구에 고개 넘어 숭의
동 공구상가 쪽으로 옮겨가고 말았다. 네 곳에서 세
곳으로 고작 한 곳 빠져나갔을 뿐인데 그 빈자리가
유난히 크다. 도원철공소가 있던 자리에는 전세 사기

와 주차난 등으로 사회문제가 된 도시형 생활주택이
들어설 예정이라고 한다.

주택 건설로 밀려나는 인천 도원동의 국내 마지막
대장간 거리가 전문 연구기관의 실태 조사에서조차
외면당하는 어처구니없는 일도 있었다. 국립중원문화
재연구소는 2019년 「전통 철물 제법 기준 마련 및 활
성화 방안 연구 종합보고서」를 냈다. 이 자료는 전국
에서 운영중인 것으로 확인된 대장간이 2016년 11월
기준으로 총 94개소라고 밝히고 있다. 그중 인천에는
3개소가 있다면서 동구의 화수부두 한성닻공장, 영흥
도 영흥대장간, 선재도 선재대장간을 열거했다. 당시
도원동에서도 문을 열고 작업하던 대장간이 여럿 있
었는데 어찌된 영문인지 이들은 쏙 빠져 있다. 3개년

우리나라에는 대장
간이 둘 이상 모여
있는 곳을 보기가 어
렵다. 인천에 마지
막 남은 대장간 거
리. 왼쪽부터 인해철
공소(인해대장간), (한
집 건너) 인천철공소,
인일철공소의 모습.

에 걸쳐 진행된 연구 성과물이라는데 도무지 이해할 수가 없다.

도원동 대장간 거리의 맏형 격은 송종화 장인의 인일철공소다. 그 바로 옆집인 인천철공소는 송 장인의 다섯 살 아래 동생이 운영한다. 1943년생 송종원 장인. 전국에 형제대장간이라는 이름의 대장간이 여럿 있다. 겉으로 써붙이지만 않았지 여기 인일철공소와 인천철공소가 바로 형제대장간이다. 송종원 장인도 10대 후반에 대장간에서 기술을 익히기 시작했다. 작은형님인 송종화 장인이 먼저 대장간에 들어간 게 영향을 끼쳤다. 지금은 고인이 되셨지만, 큰형님도 대장간을 했다. 1936년생의 큰형님 역시 두 살 아래 동생인 송종화 장인을 따라서 대장간 일을 배우게 되었다고 한다. 이들 3형제가 같은 데서 일한 적도 있다. 한 집안 전체가 대장간으로 생계를 잇고 각자 가정을 꾸려왔다.

인천철공소라는 간판을 달고 있지만 도원동 대장간 거리에서 처음으로 '대장간'이라는 말을 붙인 것은 송종원 장인이다. 개업할 때 '인천대장간'이라고 했는데 가족들을 비롯해 주위에서 너무 촌스럽다고 야단이었다. 그래서 어쩔 수 없이 떠밀리다시피 해서 '인천철공소'로 바꿨다.

송종원 장인은 60년을 이어온 자신의 대장장이 기술이 형님인 송종화 장인을 못 따라간다고 토로한다.

"대한민국 다 다녀도 이 양반보다 나은 분이 없어요." 동생은 그래서 형님의 특기라고 할 수 있는 엿가위는 아예 만들지 않는다. 바로 옆에서 비교가 되기 때문이다.

인천 대장장이들이 타지방 대장장이에 비해 기술력이 높다고 송종원 장인은 말한다. "다른 지방 대장장이들은 인천에 와서 일을 못해요. 기술이 달리기 때문이에요. 그런데 인천 사람들은 전국 어딜 가더라도 다 할 수가 있어요. 안 해본 일이 없으니까요." 송종화 장인도 동생과 같은 생각이다.

두 형제가 자부심으로 느끼는 인천 대장장이들의 높은 기술력은 어디서 나오는 걸까. 여러 가지 기술을 익혀야 하는 다양성에 그 답이 있다고 할 수 있다. 인천처럼 다양한 물품을 요청하는 곳이 많지 않다.

드넓은 바다를 끼고 있으니 다양한 해산물 채취 기구나 어선에서 쓰는 각종 도구가 필요하다. 우리네 손에 맞고 오래 쓰기에는 대장간이 제격이다. 심지어 배가 정박하는 데 필수인 커다란 닻도 대장간에서 만들었다. 주로 만석부두나 화수부두, 연안부두 등지에 있었다. 닻 만들던 대장간은 도시개발에 밀려 건물 임대료가 싼 인천 이외의 지역으로 떠난 지 오래다. 화수부두에 있던 한성닻공장도 벌써 몇 년 전에 김포 대명포구 쪽으로 옮겨갔다고 한 주민이 말해주었다.

인천에는 농사짓는 분들도 생각보다 많다. 강화도

닻 만드는 대장간이
있었다는 인천 동구
화수부두 주차장. 버
스정류장 옆 오토바
이가 서 있는 곳이
한성닻공장 자리였
다고 한다.

를 비롯한 크고 작은 섬들뿐 아니라 계양구, 서구, 남
동구 등지에도 농토가 널찍하다. 농사짓는 데 필요한
각종 연장을 대장간에서 사가거나 고쳐서 가는 사람
들도 제법 된다. 인천은 특히 수도권 최대 공단지대이
다보니 각종 공장 기계에 들어가는 부품을 대장간에
서 만드는 경우가 많다.

　이렇듯이 어촌과 농촌, 공장을 고객으로 두고 있는
인천 대장장이들의 기술력이 그 다양성 면에서 우위
에 설 수밖에 없는 구조다. 물론 다른 지역의 대장장
이들은 펄쩍 뛸 게 분명하다. 서로가 제일이라고 목소
리를 높일 게 뻔하다. 이래서 '대장장이 전국 경연대
회' 같은 걸 열어 최고의 장인을 겨루는 기회를 마련
하면 어떨까 싶기도 하다.

많은 이들이 인천의 도시 특성을 이야기하면서 다양성을 말하고는 한다. 여러 지방 출신들이 섞여 사는 용광로 같은 도시가 인천이라는 얘기다. 대장간의 모습 역시 그런 특성을 닮아가는 모양이다.

동생이 하는 인천철공소와 형님이 하는 인일철공소의 내부를 들여다보면 똑같은 게 있다. 화로의 노(爐)를 흙을 이겨서 만드는 방식이 같다. 그 형에 그 아우라고나 할까. 다른 대장간에서는 주로 내화벽돌을 쌓아서 노를 만든다.

두 철공소를 거쳐 오르막길 위쪽에 있는 인해철공소. 도원동 대장간 거리의 막내라고 할 수 있다. 주인은 김일용 장인. 막내라고는 해도 1950년에 태어났으니 일흔이 훌쩍 넘었다. 인해철공소의 '인해'는 인천 앞바다라는 뜻이다. 인일철공소가 인천에서 제일가는 대장간을 지향하면서 지었고, 인천철공소는 글자 그대로 인천에서 따왔으니 이들 세 곳 모두 간판에서부터 인천을 앞세우고 있다는 공통점이 있다.

인해철공소 간판은 세 가지다. 수년 전에 인해철공소와 나란히 인해대장간이라고 따로 달았다. 자꾸만 옛것이 사라져가는 게 아쉬운 요즘인데 대장간이라는 말이라도 살리고 싶어서였다. 그 위에 하나가 더 있다. 인해공업사. 30여 년 전 이곳으로 올 때 달았던 이름이다. 이걸 철공소로 바꾼 이유가 재밌다. 공업사라고 하니 차량을 수리하는 카센터인 줄 알고 차를 맡기러오는 손님이 더러 있더란다. 안 되겠다 싶어 공업사에서 철공소로 바꾸었다. 김일용 장인은 자신이 직접 작업해 만든 간판을 그대로 두고 있다. 이 세 개의 간판에 인해철공소의 이력이 고스란히 담겼다.

인해철공소는 다른 곳보다 규모가 크다. 간판 두 개를 나란히 달아도 넉넉할 정도다. 화로도 2개이고, 모루도 2개이다. 그런데 2023년에는 유난히 일감이 없어 김 장인의 한숨이 깊다. 몇 남지는 않았지만 인천 도심의 대장간은 건설 경기와 공장들의 경영 상황에 따라 일감이 늘기도 하고 줄기도 한다. 건설업을 중심으로 불어 닥친 경기 침체 상황이 대장간에도 영향을 끼치고 있다.

김일용 장인의 손재주는 타고났다. 1999년 특허청으로부터 '의장등록'까지 받은 실력자다. 의장의 대상이 되는 물품은 '건축구조물용 장신구'이다. 유리문에 붙이는 철 구조물 디자인에도 남다른 솜씨를 발휘한다. 그런데 이 의장등록이라는 게 관리 비용만 들어갈 뿐 별다른 효용성이 없었다. 건축 관련 장신구 사업을 하면서 자신만의 고유성을 인정받기가 쉽지 않았다. 제도적 허점 때문이다. 버티다 버티다 지금은 아예 그 권한을 포기하고 말았다.

김일용 장인은 14세 때 목공일부터 배웠는데 1년쯤 하다가 대장간 일로 방향을 틀었다. 연백농구점, 황곡철공소 등 주로 이쪽 도원동 일대의 대장간에서 일했다. 그 뒤로 철물 공장 사업을 크게 하기도 했는데 여의치가 않았다. 그래서 다시 돌아와 이 자리에 인해공업사를 차렸던 거다.

대장간 세 곳이 모여 있다보니 손님들 입장에서는 좋은 점이 많다. 같은 물건을 사더라도 세 곳의 솜씨를 비교할 수가 있다. 가격은 얼추 비슷하게 맞추고는 있다지만 융통성을 발휘해 손님과 주인이 흥정을 할 수도 있다. 복잡한 걸 주문할 때, 이쪽에서는 안 된다는 일도 저쪽에 가면 된다고 하는 경우가 있다.

도원동 대장간 거리를 이야기하자면 옆 동네인 숭의동 공구상가로 옮겨간 도원철공소를 빼놓을 수가 없다. 도원철공소는 1949년생인 나종채 장인이 운영한다. 나종채 장인은 고향 전라남도에서 17세 때 인천에 와서 대장간 일을 시작했다. 연백농구점에서였다. 그때 인해철공소의 김일용 장인과 함께 일했다. 몇 년 지나지 않아 부평에 있던 한독금속이나 서울 이문동의 이화기계를 비롯한 큰 업체에 스카우트되어 가기도 했다. 연탄 분쇄기 날을 만들던 이화기계에 간 것은 1980년대 초반이었는데, 당시로는 거액인 1500만 원을 선불로 받고 갔다고 나종채 장인은 자랑삼아 이야기했다. 그만큼 자신의 쇠 다루는 솜씨가 서울에까지 소문이 났었다는 얘기다. 거기에서 2년 정도 일하다가 다시 인천으로 오게 되었다. 인천의 여러 대장간에서 일하던 나 장인은 2000년, 좀 늦은 쉰한 살에

도원철공소를 열었다.

2022년 숭의동 공구상가로 옮긴 나종채 장인은 요즘 걱정이 많다. 일감이 줄어든 것도 그렇지만 주변에서 대장간의 소음이 크다고 관할 구청에 민원을 제기하기 시작한 거다. 기계 해머 작업을 할 때는 땅~땅~땅 소리가 무척 크다. 그래서 살림집 옆에서는 작업하기가 어렵다. 도원동 대장간 거리는 여러 가지로 여건이 좋은 편이다. 차량 통행이 잦은 왕복 6차선 대로변인데다 경인전철이 지나는 곳이다보니 차량과 전철 소음에 대장간 소리가 묻히게 마련이다. 또 가까이에는 가정집도 거의 없다. 이런 좋은 입지에서 떠밀려 옮겨갔으니 지금의 상황이 여간 답답한 게 아니다.

나종채 장인과 김일용 장인은 어려서부터 함께 대장간 일을 배운 사이여서 그런지 예술적인 기질을 몸에 품고 사는 점도 비슷하다. 김 장인은 사진 전문가다. 그의 산악 사진은 꽤 알려져 있다. 한국산악사진가협회 전시회에도 여러 차례 참여했다. 대장간 안에도 여러 작품을 걸어놓고 있다. 그의 대장간은 손수 만든 각종 연장뿐만 아니라 사진 작품 전시장이기도 하다. 나 장인은 대장간 휴게실에 악기 2개를 애지중지 모셔두고 있다. 하나는 장구, 또하나는 색소폰이다. 장구는 어려서부터 소질이 있다는 소릴 들었다. 색소폰은 얼마 전부터 교습소에 다니면서 열심히 배우는 중이다. 새벽 4시면 어김없이 대장간 문을 열고 출근

한다는 나종채 장인. 70대 중반의 나이에 새로운 장
르의 악기를 익히느라 분주하다.

4.
대장장이,
국보 1호를 복구하다

영흥도. 길이가 11.2킬로미터나 되는 시화방조제를 달리고, 대부도를 지나서, 선재대교와 영흥대교를 건너야 닿는 곳. 여기에 대장간이 하나 남아 있으니, 영흥민속대장간이다.

인천 옹진군에는 총 114개의 섬이 모여 있다. 이 가운데 사람 사는 유인도는 2023년 2월 기준으로 23곳. 영흥민속대장간은 옹진군 유일의 대장간이다. 대표는 이규산 장인. 1945년생으로 일흔여덟이다.

간판에 민속이라는 말을 넣은 것처럼, 영흥민속대장간은 쇠를 굽고 불리는 오랜 방식과 기억을 참으로 많이 간직하고 있다. 이규산 대장의 이력부터가 간단치가 않다. 우선 명함에 적은 대로 '국보 1호 숭례문 복구 현장'을 지킨 대장장이다.

2008년 2월 10일 저녁, 온 국민은 국보 1호 숭례문이 불에 타 무너져내리는 광경을 텔레비전 화면으로 지켜봐야 했다. 다들 엄청난 충격과 허탈감에 빠졌다. 어처구니없는 일이었지만, 우리는 그 숭례문을 다시 세우는 과정에서 대장장이가 왜 필요한가를 알게 되었다.

이규산 장인은 문화재청의 요청을 받고 숭례문 복구 과정에 참여했다. 좀 늦게 뛰어들었지만 맨 나중까지 있었다. 문화재청은 복구 현장에 '숭례문 대장간'을 설치했다. 전통방식으로 복구한다는 점을 보여주기 위함이었다. 이 장인은 토요일과 일요일, 주말마다 2년 넘게 숭례문 대장간에 출근했다. 그는 이때 업무일지 같은 걸 썼는데 관람객들의 응원 메시지도 여기에 담았다.

숭례문 복구 당시 구경나온 아이들과 기념촬영을 한 이규산 장인.

숭례문 대장간은 경기도 용인의 한국민속촌 대장간처럼 관람객을 위한 시설이었다. 숭례문 복구에 쓰인 철물 전부를 이곳에서 제작했다기보다는 전통 철물이 어떤 식으로 만들어지는가를 일반 시민들이 눈으로 볼 수 있도록 한 거였다.

못과 띠쇠, 사슬, 철엽(鐵葉) 등 옛 철물 제작에 대장장이로는 이규산 장인과 신인영 장인, 한근수 장인이 참여했다. 복구 과정에서 기존 철재를 담금질하여 재사용한 것 외에 새로 만든 철물이 수천 점이었다.

이규산 장인은 주로 옛날 못을 만들었다. 못의 형태나 크기도 다양했다. 못대가리가 있는 것도 있고 없는 것도 있었는데 못대가리를 만들기 위한 특별한 장치를 별도로 고안해 활용하기도 했다. 평일 작업은 영흥도 대장간에서 했다. 숭례문 복구 작업을 마무리한 지 15년이 지났건만 아직도 그 일을 무척 자랑스럽게 여기고 있다. 명함 뒷면에 복구 직후 촬영한 숭례문 사진을 넣었을 정도로 자부심이 크다.

인천 도심에서 대장장이 기술을 배운 이규산 장인은 젊어서 배 목수들이 쓰는 연장을 많이 만들었다. 요즘이야 목재로 배를 건조하는 경우가 흔치 않지만 예전에는 대개가 목선이었다. 나무를 재료로 하여 배를 짓는 것이든 집을 짓는 것이든 서로 여러 면에서 유사하다. 특히 못과 같은 철물이 그렇다.

배 만드는 조선장(造船場)에도 대장간이 있었다. 여

기서는 주로 배못[船釘]을 만들었다. 이규산 장인이 숭례문 복구 과정에서 한 바로 그 일이다. 전통 선박 연구자 이원식이 펴낸 『한국의 배』에 따르면, 우리나라 전통 목선 즉 한선(韓船)에 쓰이는 배못은 네모가 져 있고 어디에 쓰느냐에 따라 길이가 다 다르다. 못 대가리는 네 번 구부려서 마름모가 지게 하는데, 이는 한옥 대문의 둔테에 박는 못의 대가리와 똑같다고 한다.

한선 짓는 연장을 많이 만들어본 이규산 장인이 한선에 쓰는 것과 비슷한 못이 많이 들어가는 한옥 구조물의 상징과도 같은 숭례문 복구를 담당한 것이 우연만은 아닌 듯싶다.

배 만드는 연장은 먹통[墨桶], 곡자[曲尺], 대패[鉋], 망치, 장도리, 피새[皮槊, 나무못], 끌, 톱, 자귀, 송곳, 알기(틈새를 넓히는 데 쓰는 도구), 도끼 등이 있다. 이 가운데 망치, 도끼, 자귀, 끌 등은 대장간에서 만들어야 하는 연장이다. 이규산 장인은 대장장이들 사이에서 일본말로 '구지사시'라고 부르던 게 있다고 했다. 못 박을 자리에 못보다 작은 크기로 미리 뚫는 연장이라고 했다. 일종의 송곳이 아닌가 싶다. 이는 못을 일컫는 구기(釘, くぎ)와 찌르다는 의미의 사시(刺し)가 합쳐진 말일 게다. 앞에서 예로 든 배 만들 때 쓰는 도구 중에 나무못을 피새라고 하는데, 이 나무못 박을 자리를 미리 파두는 연장이 구기사시라고 보면 된

다. 일본말 '구기'를 이 장인처럼 대장간 현장에서 '구지'로 부른 것은 입에서 입으로 전해지면서 그렇게 된 것일 수도 있고, 우리말로 '구지 못', '구지 끝'이라고 지칭하던 게 있어서일 수도 있겠다.

섬과 항구가 많은 인천에는 예부터 배 목수들이 많았다. FRP(섬유강화플라스틱) 선박이 등장한 게 1990년대 초반이니 그때까지도 인천에는 배를 짓고 수리하는 목수들의 일감이 있었다. 그 목수들의 연장을 만드는 대장장이들도 덩달아 바쁘게 마련이었다.

이규산 장인은 경기도 안산 대부도 태생이다. 17세 무렵에 처음 대장간 일을 배우기 시작했다. 대장간이 즐비하던 인천 중구 도원동에서였다. 손재주가 남달라서 얼마 지나지 않아 스카우트 제의가 여러 곳에서 왔고, 인천 중구 답동로터리에 있던 대장간을 거쳐 인천 동구 만석동 '홍성철공소'까지 가게 되었다. 홍성철공소 주인 겸 대장이 고정섭이라는 분이었는데 배 목수 연장을 참 잘 만들었다고 이 장인은 얘기했다. 이 장인은 그를 '우리 스승'이라고 지칭했다. 지금 영흥민속대장간에서 쓰는 모루가 그 스승이 쓰던 것인데 아마 100년도 더 되었을 거란다.

대도시에서 실력을 인정받던 대장장이가 어찌하여 영흥도까지 찾아들었을까. 홍성철공소에 다니다가 징집영장을 받고 입대했다. 제대 후 인천 부평에 있던 한국베어링이라는 회사에 들어갔다. 거기서 그만 왼

손가락 두 개를 잃고 말았다. 왼손이라고는 해도 검지와 중지가 나갔으니, 가진 거라고는 손재주뿐인 그가 어디 가서 직장을 구하기는 어려운 상황이 되었다. 회사에서는 관리직 업무를 제안했는데 그가 거절했다. 상처가 아물자 그는 고향 대부도로 향했다. 배운 게 도둑질이라고 대장간을 차리기로 마음먹었다. 부자연스러운 왼손이었지만 대장일을 제대로 해낼 수 있도록 단련하는 차원에서 고향 땅 대부도에 이동식 대장간을 냈다. 20대 후반일 때였다.

숭례문 복구를 기념하기 위해 문화재청이 펴낸 소책자 「숭례문 대장간」 중 '대장간의 의미 및 역할' 부분을 살펴보면, "대장간이 없는 마을로 이곳저곳 떠돌아다니면서 연장을 벼리는 떠돌이 대장장이도 있었다"는 구절이 있다. 이규산 장인이 20대 후반에 했던 바로 그 이동식 대장간을 말한다. 문화재청의 설명에 나오는 떠돌이 대장장이를 눈앞에서 만나리라고는 전혀 생각하지 못했다.

이규산 장인이 이동식 대장간을 차리기 전까지만 해도 시골 마을이 많은 대부도에는 대장장이가 몇 있었다. 하지만 시간이 가면서 그 마을 대장장이들이 연로하거나 작고하는 바람에 정상적으로 운영하는 대장간이 거의 남아 있지 않았다. 이때 젊은 대장장이가 나타난 거다. 이 장인은 메질꾼 둘을 데리고서 이동식 대장간을 시작했다. 화로는 드럼통으로 만들었고, 모루는 갖고 다니기 편하게 보통 대장간에서 쓰던 것보다는 좀 작은 것으로 장만했다. 한 마을에서 잠시 머물다가 다른 마을로 옮기고는 했다. 말 그대로 떠돌이였다. 주로 하던 일거리는 여물을 써는 작두나 나무를 깎는 자귀, 밭일에 쓰는 호미, 풀 베는 낫 같은 것을 벼리거나 새로 만드는 거였다.

당시만 해도 시골 대장간에서는 나무를 때서 쇠를 구웠다. 그러면 그 땔나무나 숯은 요즘 대장간에서 탄

(炭)을 준비하듯 대장장이들이 마련해야 했을까. 그렇지 않았다. 대장간에 호미나 낫을 맡기러 가는 손님이 화로에 넣을 나무까지 챙겨가야 했다. 떠돌이 대장장이가 남의 동네에 있는 나무를 함부로 벨 수도 없었거니와 나무가 너무 많이 들어가기 때문에 소비자가 땔감까지 책임지는 구조였던 거다. 그렇게 해서라도 무뎌진 연장을 새것으로 만들어야 하는 농촌에서는 그만큼 대장장이가 꼭 필요한 존재였다. 지게에 장작을 지고 대장간을 찾는 손님의 모습이라. 지금 생각하면 아주 까마득한 옛날이야기만 같다.

이규산 장인이 도시에서 대장일을 배워서였을 테지만, 대부도 대장간에 탄을 처음으로 들인 이도 그다. 경상북도 문경에서 나던 은성탄이었다. 이동식 대장간이었지만 나무에 탄을 섞으니 불 온도를 쉽게 올릴 수 있었다. 당연히 작업 능률도 올랐다.

영흥민속대장간에서는 지금도 탄과 나무를 섞어 땐다. 나무를 구하기 어려운 도회지 대장간에서는 좀처럼 볼 수 없는 방식이다. 영흥민속대장간 화로에서 통나무가 이글거리는 불꽃을 토해내는 광경은 두번째 찾아갔을 때 볼 수 있었다.

이규산 장인은 이동식 대장간을 1~2년 하고 나니, 다친 왼손으로도 대장일을 할 수 있겠다 싶은 자신감이 붙었다. 섬을 벗어나 인천 동구 송림동에 삼성철공소를 차렸다. 배 짓는 목수들 연장은 물론이고 목재

이규산 장인은 화로에 석탄과 굵은 통나무를 섞어서 땐다.

공장에서 쓰는 도구 등 다양한 물건을 만들었다. 차츰 대장간의 규모도 커졌다.

상수도가 많이 깔리지 않았던 시절, 도시 외곽의 주민들은 지하수를 뚫어 식수를 해결할 수밖에 없었다. 그 지하수 뚫는 장비의 핵심인 일명 '브레이커 노미'도 만들었다. 이는 바위도 뚫고 들어갈 수 있는 강도 높은 쇠로 만들어야 한다. 둥그런 쇠 가운데에 높은 압력으로 물을 쏘아대는 작은 구멍이 뚫려 있는데 끄트머리는 뾰족한 삼발이 형태로 해야 한다. 그게 빠른 속도로 돌면서 단단한 땅이나 돌을 파고 들어가는 거다.

지하수 뚫는 장비를 만들었던 이규산 장인은 본격적으로 상수도 업무와 연관 있는 일을 맡게 된다. 상수도 대형 관과 관을 잇는 이음새 부분을 둘러싸 묶어주는 밴드를 제작하게 된 거였다. 그 밴드가 당시에는 철재로 되어 있었다.

돈을 좀 벌어볼까 하고 손을 댄 그 일이 그만 이규산 장인의 발목을 잡고 말았다. 하청 일을 맡아서 했는데 부도가 난 거였다. 인건비 등으로 빚을 잔뜩 짊어졌다. 집을 팔아서야 해결할 수 있었다. IMF(국제통화기금) 구제금융 시기를 정말이지 힘겹게 넘었다.

영흥민속대장간을 낸 지는 20년쯤 되었다. 영흥대교 개통 직후다. 영흥도는 처가가 있어서 낯설지 않았다. 인천 연수구 동막에서 동죽 잡는 호미도 구해왔다. 동죽 호미를 잘 만들기로 소문이 난 집이었는데, 그 어른이 돌아가시는 바람에 그 집에서는 더이상 동죽 호미를 만들 수 없게 되었다. 갈퀴처럼 생긴 동죽 호미를 만들 때 쓰던 기계 해머도 함께 구입해 가져왔다. 지금도 그때 가져온 호미를 보관하고 있다. 이규산 장인은 동막의 동죽 호미 모양을 약간 개량해서 만들었다. 영흥도에서는 이 호미로 바지락을 많이 캔다.

숭례문 복구와 떠돌이 대장장이 생활, 농부들이

연장을 벼리기 위해 장작까지 챙겨서 가야 했던 예전의 대장간 모습, 상수도가 없어 주민들이 장비를 동원해 지하수를 뚫어야 했던 시절. 이규산 장인의 영흥민속대장간은 우리 사회의 지나온 여러 모습을 다각도에서 들여다보게 하는 색다른 기록관이라고 할 수 있다.

2023년 2월 14일 이규산 장인을 처음 만난 날, 인터뷰를 마치고 나서려는데 대장간 바로 앞 논에서 기러기 수십 마리가 먹이활동을 하고 있었다. 기러기들이 워낙 경계심이 많다보니 대장간 창문을 조심스레 빼꼼히 열고 숨죽여 지켜보았다. 하늘을 나는 기러기 떼는 자주 볼 수가 있었지만 땅에 무리 지어 있는 걸 이처럼 코앞에서 볼 기회는 거의 없었다. 대장간의 망치질 소리가 자연을 닮아서였을까. 겨울 논바닥을 느긋하게 걸으며 먹이를 찾는 기러기 떼 풍경이 영흥도 대장간에서 덤으로 얻은 특별 선물처럼 다가왔다.

5.
신화 속
대장장이

불을 다룰 줄 안다는 것, 인간이 다른 동물에 비해
우위에 설 수 있었던 가장 큰 이유라고 할 수 있다.
불을 이용하게 되면서 인간은 드디어 사람다울 수 있
었다. 날것을 먹어야 하던 식습관이 만병의 근원이었
는데 불을 맘대로 하게 되면서는 익혀 먹을 수가 있
었고, 따뜻한 데서 잘 수 있게 되었다. 모닥불만으로
도 사나운 짐승들로부터 몸을 지켜낼 수 있었다. 불
은 우리에게 색다른 도구를 만들 수 있는 마법도 선
사했다. 흙을 구워 그릇을 만들고, 쇠를 녹여 무기를
만들었다. 그러면서 개인을 넘어 더 큰 집단인 부족을
이루고 더 나아가 국가를 형성했다. 불을 잘 다루고,
강력한 무기를 만들 줄 아는 게 지도자의 최대 덕목
이 되었다.

　우리는 불과 쇠를 이용해 도구를 만드는 사람을 대
장장이라고 한다. '도구의 인간' 즉 '호모 파베르'를 가능하도록 한 게 바로 대장장이라고 할 수 있다. 그리하여 대장장이는 옛이야기 속 중요한 신화적 요소로까지 등장한다. 동양이나 서양을 가리지 않고 그들의 신화에는 어김없이 대장장이가 등장한다.

우리 민족의 신화에서 대장장이가 직접 그 모습을 드러낸 경우는 대표적으로 고구려와 신라에서 찾을 수 있다. 고구려에서는 지배계층 무덤에 기막힌 솜씨의 그림으로 그려져 있고, 신라의 제4대 임금 탈해왕 설화에서는 신분 상승을 위한 코드 안에 대장장이가 숨어 있다.

중국 지린성(吉林省) 지안(集安)에는 고구려 고분군이 펼쳐져 있다. 이 가운데 대장장이 그림이 그려진 무덤은 오회분 4호묘다. 오회분(五盔墳)은 투구(盔) 모양으로 생긴 다섯 기의 묘를 말하고, 4호묘란 그중 네번째라는 뜻이다. 이 무덤의 형식은 흙무지돌방무덤이다. 위로 봉긋하게 투구처럼 솟은 부분은 흙으로 쌓고, 그 아래 무덤의 방은 돌로 만들었다고 해서 그렇게 부른다. 고구려인들은 그 방의 천장부터 벽면까지를 온통 그림으로 채웠다.

6세기 후반 고구려 벽화 미술의 정수를 보여주는 오회분 4호묘의 대장장이 그림은 대장장이가 흰색 깔개에 앉은 채로 길쭉하게 세워놓은 검은색 원통형의 모루 위에 붉게 단 쇳덩이를 올려놓고 망치로 두드리는 모습을 생동감 넘치게 표현했다. 잘 다듬은 돌 표

중국 지린성 지안의
고구려 오회분 4호
묘 벽화에 보이는 대
장장이 모습.

면에 직접 그렸는데 당시 대장간의 모습을 그대로 보
여주는 듯하다. 전문가들은 대장장이 신을 표현한 것
으로 풀이한다. 그 그림 옆에는 수레바퀴의 신도 그려
넣었다.

오회분 5호묘와 오회분 4호묘에는 청룡, 백호, 현
무, 주작의 4신 이외에도 공통으로 보이는 그림이 있
다. 불의 신이다. 오른손을 뒤로 뻗어 불씨를 받들고,
왼손을 어깨 뒤로 넘겨 옷깃으로 불씨를 감싸는 듯
하고, 허리를 젖히면서 몸과 얼굴을 오른쪽으로 반쯤
틀어 불씨를 바라본다. 이 구도는 5호묘와 4호묘에
각각 그려진 불의 신 모습에서 같이 나타난다. 두 그
림이 너무나 흡사하다. 불을 들고 춤을 추는 듯한 모
습에서는 둘 다 여성스러움이 넘쳐난다. 다리를 모으
고 무릎을 굽힌 모양도 많이 닮았다. 무릎을 굽힌 그

모습은 마치 신라 성덕대왕신종(聖德大王神鍾) 비천상(飛天像)을 떠올리게도 한다. 다만 고구려 불의 신은 무릎을 굽힌 채로 몸을 뒤로 젖히면서 춤을 추는 형태여서 무릎을 완전히 꿇지는 않고 반쯤 일어선 모습이고, 신라 비천상 천인(天人)은 무릎을 더 단정히 꿇고 두 손을 모아 기도하는 형태다.

고구려 벽화 속 두 불의 신 그림은 마치 한 사람이 그린 듯하다. 5호묘는 6세기 전반, 4호묘는 6세기 후반에 조성된 것으로 전문가들은 추정한다. 조성 연대를 놓고 보면 수십 년의 차이가 난다. 같은 사람이 그리지 않았다면 아마도 부모 자식 간에 대를 이어서 그렸을 듯싶다. 5호묘를 그리는 부모의 모습을 보고 자란 자식들 역시 그림을 업으로 삼았을 게 아닌가. 어릴 적 보았던 5호묘 속에서 부모가 그리던 불의 신 모습을 잊을 수가 없었을 테다. 아니, 유전적으로 그 솜씨가 자식에게 이어졌을 것만 같다. 5호묘의 불의 신은 그렇게 4호묘에서도 되살아났다.

우리는 여기서 고구려 사람들은 어찌하여 무덤 속 주인공을 위한 공간에 대장장이 신을 그려넣었는지 따져볼 필요가 있다. 벽화에는 대장장이 신 이외에도 해의 신, 달의 신, 농사의 신을 비롯한 여러 신을 표현했다. 이들 중 온전한 인간의 모습으로 그린 대상은 대장장이 신과 수레바퀴 신이다.

해신과 달신은 상반신은 사람 형상이고 하반신은

굵직한 용 꼬리의 형태다. 두 손으로 해를 머리 위로 받쳐든 해신은 남성을, 달을 받쳐들고 있는 달신은 여성으로 표현했다. 둘 다 반인반용(半人半龍)의 모습이다. 해신과 달신을 용의 몸통으로 표현한 건 아마도 용처럼 하늘을 날면서 해나 달과 움직임을 같이할 수 있도록 하려고 그렇게 한 것이리라.

농사의 신은 머리는 뿔 달린 소의 형태이고 몸통은 사람인 반수반인(半獸半人), 우두인신(牛頭人身)의 형상을 취했다. 오른손으로는 곡식 이삭을 한 움큼 쥐었다. 소를 형상화한 것으로 보아, 고구려시대에는 이미 소가 농사일에 여러모로 쓰였던 모양이다. 쟁기로 땅을 갈거나 곡식을 가득 실은 수레를 끄는 일에 소를 이용했던 듯하다.

무덤 속에 그린 대상은 죽은 이가 내세에서 생활하는 데 꼭 필요하다고 여긴 것들이다. '좌청룡 우백호' 할 때의 수호신이 그렇고, 해와 달도 그렇다. 신성함의 산물인 불도 꼭 있어야 한다. 농사도 지어야 한다. 그리고 이동 수단인 수레와 무기를 비롯한 각종 도구도 필요할 테다. 수레바퀴의 신과 대장장이 신은 그렇게 해서 무덤 속에 그려지게 되었다.

고구려가 대장장이를 신격화한 그림으로 표현했다면, 신라에서는 대장장이를 신분 상승을 위한 도구로 활용했다. 신라 제4대 임금 탈해왕이 왕위에 오르는 과정을 담은 설화에 '대장장이'가 등장한다. 탈해왕은 일본보다도 더 먼 나라에서 태어났다. 그런데 사람으로 난 게 아니라 알(卵)로 태어났다. 그 나라 임금이던 부친은 불길하다 하여 나무 궤짝에 그 알을 넣어 바다에 띄워보냈는데 어찌어찌하여 신라에까지 닿았다. 그 궤짝에서 어린아이가 나왔다. 탈해왕이다. 어린 탈해는 '대장장이'를 이용해 좋은 터에 지은 남의 집을 빼앗았는데 이는 곧바로 임금의 사위로 올라서는 통로가 되었다.

일연의 『삼국유사』를 토대로 그 얘기를 재구성해보자. 어린 탈해가 토함산에 올라가 성안을 살펴보니 살 만한 곳이 눈에 들어왔다. 그런데 호공(瓠公)이라는 사람이 살고 있었다. 탈해는 주인인 호공을 내쫓을 계책을 짰다. 그 집 옆에 숫돌[礪]과 숯[炭]을 묻어두고는 자기 선대부터 살던 집이라고 우겼다. 호공은 펄쩍 뛸 수밖에 없었다. 서로 우기다보니 다툼이 관청으로까지 번졌다. 관청에서는 탈해에게 근거를 대라고 요구했다. 탈해는 잠깐 이웃 마을에 간 사이에 호공에게 빼앗겼다고 주장했다. 조상 대대로 여기 살면서 대장장이를 했으니 땅을 파면 뭔가가 나올 것이라고도 했다. 땅을 파니 과연 숫돌과 숯이 나왔다. 탈해는 그렇게 해서 그 집을 빼앗아 살게 되었다. 이를 지켜본 남해왕이 탈해가 지혜로운 사람이라 하여 자신의 맏딸을 아내로 삼게 했다.

요즘 시쳇말로 '듣보잡'인 어린아이가 하루아침에

왕의 사위가 된 거다. 난생설화(卵生說話)에 곁들여진 과장된 이야기라고는 하지만, 그러면 탈해는 왜 하필 대장장이를 조상의 직업으로 내세웠을까. 아마도 당시에는 대장장이라는 신분이 우대받는 기술자 집단에 속했던 모양이다. 어엿한 최첨단 기술력을 자랑하는 대장장이 집안이라는 점을 강조함으로써 낯선 땅의 생면부지인 사람들로부터 대우받기를 바랐을지도 모를 일이다.

왕위에 오른 탈해 임금은 석(昔)씨의 시조가 되었는데, 자신이 왕이 된 것이 호공의 집을 빼앗은 옛날 그 일에서 비롯되었다는 의미에서 성씨를 '지난날'을 뜻하는 '석'으로 정했다는 이야기가 『삼국유사』에 실려 있다.

김부식의 『삼국사기』는 탈해왕 설화를 다루면서 대장장이 이야기는 빼놓고 전하고 있다. "탈해는 학문에 오로지 힘쓰고 겸하여 지리를 알게 되었는데, 양산 밑에 있는 호공의 집을 바라보고 그 터가 길지라고 하여 거짓 꾀를 내어 이를 빼앗아 살았으니 후에 월성이 그곳이다"라고 하여, 대장장이 부분을 단지 '거짓 꾀를 냈다(設詭計)'는 말로 간단히 처리하고 말았다.

대장장이가 신화 속에서 모습을 드러내는 경우는 우리 민족만이 아니다. 아주 오랜 옛 시절에는 어느 민족을 막론하고 어디를 가나 신들의 천국이고 신들의 놀이터였는데, 그 속에 대장장이 신도 빠지지 않았다. 신화는 각 민족의 대표적 이야깃거리를 담고 있다. 이야기가 많으면 많을수록 신들은 더 다양하고 풍성한 모습으로 창조되어 나타난다.

이 세상에서 가장 광범위하고도 많이 읽힌 신화를 꼽으라면 단연 그리스 로마 신화일 테다. 그리스 로마 신화에서도 대장장이는 아주 중요하게 다루고 있다. 그리스인들은 대장장이 신을 헤파이스토스라 불렀고, 로마인들은 불카누스라 했다.

미하엘 쾰마이어의 『그리스 로마 신화』에 따르면, 헤파이스토스는 아버지의 역할이 없이 태어났다. 남편 제우스를 끔찍이도 싫어한 어머니 헤라가 자가 생식처럼 혼자서 낳았다. 그런데 헤라는 헤파이스토스를 낳자마자 한번 보고는 외모가 흉물스럽다며 올림포스 아래로 던져버렸다. 헤파이스토스는 죽지는 않았지만 떨어질 때의 충격으로 다리를 절게 되었다. 그 어린 절름발이 헤파이스토스를 요정 테티스가 거두어 잘 키웠다. 많은 걸 가르치고, 비상한 재주도 발굴했다. 헤파이스토스는 불을 아주 좋아했다. 쇠를 불에 달구어 연하게 만들 줄 알았고, 뜨거운 쇳물도 맨손으로 만질 수 있었다. 사람들은 헤파이스토스를 불이라고 생각했다.

헤파이스토스는 활화산 같은 폭발력을 가졌고, 손으로 무엇이든 척척 만들어냈다. 헤파이스토스는 그리스 로마 신화 전반에 걸쳐 여기저기 빠지지 않고 등장한다. 그만큼 재주가 많았고, 다른 신들과의 관계도 폭넓게 형성했다.

헤파이스토스가 신들에게 만들어준 도구도 다양했다. 제우스에게는 번개를, 포세이돈에게는 삼지창을, 아테나에게는 방패를 선물했다. 아폴론과 아르테미스의 활과 화살도 헤파이스토스가 만들었다.

헤파이스토스는 제자를 두어 쇠 다루는 법을 가르쳐 대장간 기술이 대를 잇도록 했다. 케달리온이 헤파이스토스의 제자다. 키가 작은 케달리온은 거인이면서 눈이 멀어 앞을 볼 수 없는 오리온의 어깨 위

그리스 신화에 등장하는 헤파이스토스.

에 올라타고 길을 안내한 이야기로도 유명하다. 헤파이스토스와 제자 케달리온. 그리스인들은 신화 속에서 어찌하여 헤파이스토스가 제자를 키워내도록 했을까. 여기에는 대단히 중요한 의미가 숨어 있다고 봐야 한다. 헤파이스토스가 가진 대장장이 재능은 무슨 일이 있더라도 후대로 이어져야 한다는 점을 강조하는 거다.

이를 생각하자니 요즘 우리나라 대장간들이 후계자를 키우지 못해 그 불꽃이 사그라드는 세태를 되돌아보게 된다. 제자가 있다는 사실만으로도 우리 현실의 대장간 처지에서는 헤파이스토스가 여간 부러운 게 아니다.

유럽의 대장장이를 이야기하면서 빼놓을 수 없는 게 또 있다. 최근 전 세계적으로 유행하는 영화 〈토르〉 시리즈다. 북유럽 게르만 신화에 등장하는 토르는 천둥 번개의 신이다. 토르의 절대적 힘의 원천은 망치에 있는데 그 망치를 만든 게 대장장이 브로크와 에이트리 형제. 토르의 망치 묠니르는 아무리 단단한 물건이라도 부술 수 있고, 보이지 않을 만큼 멀리 던져도 다시 손으로 되돌아오고, 다급할 때는 옷깃에도 숨길 수 있을 정도로 작아지기도 한다. 대장간의 풀무질을 잠시 멈춘 사이에 손잡이가 짧아졌는데, 그게 흠이라면 흠이지만 큰 문제는 아니다.

묠니르를 포함해 브로크 형제가 만든 세 가지 보물

과 이발디의 아들 형제 대장장이가 만든 세 가지 보물, 이 여섯 가지가 경합을 벌였다. 과녁에서 벗어나는 법이 없는 창, 언제 어디서든 빠르게 움직일 수 있는 배, 황금 머리칼, 신비한 황금 팔찌, 늘 환하게 길을 밝히는 황금 수퇘지, 그리고 토르의 망치 묠니르였다. 이들 여섯 가지의 우열은 토르의 아버지 오딘과 토르, 풍요의 신 프레이르, 이렇게 세 신이 가렸다. 아무런 이견도 없이 묠니르가 1등을 차지했다. 토르의 망치는 보물 중의 보물이었다.

우리는 영화 〈토르〉를 볼 때마다 주인공 토르와 그가 휘두르는 망치에만 시선을 빼앗기고는 한다. 하지만 한번쯤은 그 망치를 만든 대장장이 형제들의 솜씨에도 관심을 가져볼 필요가 있지 않을까. 토르와 관련해 재밌는 이야기가 하나 더 있다. 영어로 목요일을 일컫는 'Thursday'가 바로 '토르의 날'에서 유래했다고 한다. 앞으로 토르 시리즈가 더 계속될 경우, 영화 개봉 날짜를 '토르의 날'인 목요일에 맞추어서 잡는다면 어떨까 싶다.

신화 이야기라고 하면 이집트도 할 말이 많다. 이집트의 신화 체계 속에서도 대장장이 신은 앞줄에 선다. 아서 코트렐의 『세계신화사전』에 보면, 이집트의 프타 신은 언제나 생명의 상징으로 그려져 왔다. 창조의 신인 프타는 고대 이집트 도시 멤피스의 수호신이기도 했다. 그리스인들은 프타를 대장장이 신인 헤파

이스토스와 결부시켜왔다. 또다른 이집트 신화 연구
자들은 프타를 금속 세공사나 건축가, 대장장이의 수
호신으로 평가하기도 한다. 아무튼 이집트의 프타 신
도 대장장이와는 떼려야 뗄 수 없는 관계에 있는 것
만은 분명하다.

고구려 벽화 속 신화, 신라의 임금 설화, 그리스 로
마 신화, 북유럽 게르만 신화, 이집트 신화 속에서 대
장장이는 결코 그냥 스치는 정도의 사소한 존재로 다
루어지지 않는다. 대장장이는 옛사람들의 생활에서,
그 삶을 반영한 온갖 이야기에서 핵심적 지위를 차지
하고 있다.

6.
문학 속
대장장이

우리 문학사에서 김훈만큼 대장장이를 귀하게 다룬 작가가 또 있을까.『현의 노래』는 대장장이 소설이라 해도 지나침이 없을 정도다. 그만큼 대장장이가 자주 등장하고 무게감 있게 그려진다.『남한산성』에서는 만들지 못하는 게 없는 재주꾼 대장장이가 나온다. 그 대장장이는 예조판서 김상헌의 간곡한 요청을 받고 사직(社稷)의 존망을 두 어깨에 짊어진 밀사의 역할까지 떠맡는다.

작품 출간 연도로는『현의 노래』가 앞서겠지만 청나라의 침략과 남한산성에서의 농성, 그리고 임금 인조의 삼전도 항복을 다룬『남한산성』속으로 먼저 들어가보자. 작가는 마흔 개의 제목 중에 '대장장이' 편을 따로 뽑았다. 대장장이는 거기에서만 나오는 게 아니라 소설 전반에 걸쳐 등장한다. 산성 안 마을의 대장장이는 서날쇠〔徐生金〕. 이름부터가 영락없는 대장

장이다. 딱 맞추어 이름을 짓느라 작가가 얼마나 고심
했을지 짐작이 간다. 서날쇠는 눈썰미가 여간 매서운
게 아니다. 농기구며 병기며 목수들의 연장이며 만들
지 못하는 게 없다.

서날쇠는 임금이 대신들과 함께 남한산성에 들어
앉자 식구들을 밖으로 내보냈다. 임금이 왔으니 청군
이 성을 포위할 게 자명했기 때문이다. 풀무꾼이며 숯
장이 등 성을 나가려는 일꾼들도 붙잡지 않았다. 서날
쇠는 그렇게 성안에 혼자 남았다. 대장간을 지키기 위
함이었다.

서날쇠는 자신이 만든 연장에 '생(生)' 자를 새겼다.
사람들은 그 연장을 만든 이의 이름을 따서 생쇠라
불렀다. 이름을 새긴다는 건 그 물건에 생산자의 품질
보증수표를 붙인 거나 마찬가지다. 물건에 생산자의
이름을 새겨넣는 걸 옛사람들은 관지(款識)를 갖춘다
고 했다.

작가 김훈이 서날쇠의 관지 갖춤을 작품 속에서
말하고는 있지만 실제로 조선시대에 얼마나 많은 장
인이 서날쇠처럼 자신의 이름을 물건에 새겼는지는
알 수 없다. 오히려 그러지 못한 경우가 더 많지 않았
을까 싶다.

『임원경제지』를 지은 서유구(1764~1845)는 중국이
나 일본의 장인들은 모두가 오래전부터 크고 작은 기
물에 관지를 갖추었는데 우리나라는 전혀 그러한 표

지나 기록을 남기지 않은 탓에 좋은 물건과 나쁜 물건을 분간할 수가 없다고 한탄했다. 서유구는 그러면서 장인들을 관장하는 사람들이 나서서 이러한 병폐를 반드시 개선해야 한다고 주장했다. 개화 사상가 박규수(1807~1877)도 서유구의 입장과 같았다.

작품에서처럼 서날쇠 같은 장인이 나라 곳곳에 포진하고 있었다면 병자호란 당시 우리가 그렇게 무참히 패하지도 않았을 테고, 서유구의 한탄이 제대로 먹히기만 했더라도 조선말 우리는 그처럼 힘없이 외세에 농락당하지 않았을 게 자명하다.

서날쇠는 좋은 나무를 때야 쇠를 잘 구울 수 있다고 여겼다. 그리하여 양평에까지 가서 참나무를 실어와 화로의 땔감으로 쓰거나 그걸로 숯을 냈다. 서날쇠는 화약도 만들 줄 알았는데, 그것을 대장간의 착화제로 쓰기도 하고 관아에 납품하기도 했다. 작가는 서날쇠를 그야말로 만능 대장장이로 그려냈다.

작가는 달군 쇠를 모루 위에 올려놓고 망치질을 할 때 신출내기 숯장이나 풀무꾼이 불똥을 뒤집어쓰고 화상을 입기 십상이라면서 서날쇠의 대장간에서 쓰던 화상 치료 민간요법도 그려넣었다. 쥐 기름으로 화상을 치료한다는 거다.

쥐 기름이 화상 치료에 어떤 효능을 발휘하는지는 명확히 드러나 있지 않다. 다만 동물 기름과 특정 질환의 약효 연관성을 요즘 한방(韓方)에서도 말하고 있기는 하다. 조선시대 임금들의 피부질환과 치료법을 연구해 책으로 펴낸 방성혜 한의사의 『용포 속의 비밀, 미치도록 가렵도다』를 보면, 1659년 임금 현종의 오른쪽 엄지발가락에 심한 염증이 생겼는데 돼지기름 연고로 낫게 했다는 일화가 소개되어 있다.

이 책에서는 다른 동물 기름의 효능도 말하고 있다. 수탉의 기름은 청력 저하를 막는 데 효과가 있고, 거위 기름은 손발이 튼 데, 오리 기름은 부종에, 곰 기름은 기미와 두부 백선에, 고라니 기름은 종기에, 오소리 기름은 화상 치료에 효능이 있다고 했다. 한의사는 오소리 기름을 얘기했고, 작가 김훈은 쥐 기름을 말했다. 아무래도 의사 쪽에 귀가 쏠리기는 한다.

요즘 대장장이들한테 물어보면 대장간에서 화상을 입는 경우는 거의 없다고 한다. 불똥을 뒤집어쓸 일이 생각처럼 많지 않다. 취재하면서 만난 대장장이 중에는 화상보다는 망치질 과정에서 쇳조각이 튀면서 눈으로 들어가는 바람에 크게 다친 경우가 있었다.

서날쇠는 수어청의 야장(冶匠)이 되었다. 그의 대장간은 망가진 병장기를 고치고 새로 만드는 병기창(兵器廠)이 되었다. 서날쇠의 대장간은 청군의 공성전을 막아내며 50일 가까이 버티게 한 핵심 군수기지였다. 꼼짝없이 성안에 갇힌 신세이면서도 밤낮으로 말싸움을 그치지 않는 중신들보다 서날쇠의 대장간이 훨씬 더 생산적이었다. 대장간은 입으로만 떠드는 그들처럼 공허하지 않았다. 현실적인 삶의 공간이었다.

서날쇠는 남한산성을 둘러싼 청군의 포위를 밖에서 뚫기 위한 지원군 동원을 명하는 임금의 문서를 지니고 산성을 빠져나가 경기도, 충청도 등지의 군영에 전달하는 밀사 역할도 맡았다. 이 절체절명의 순간에도 대신 중에서는 쇠를 두들기는 한낱 천골에게 높디높고 지엄한 임금의 문서를 맡길 수 있느냐는 반론이 일기도 했다. 쓸데없이 싸움질만 하는 조정 신료와 삶에 필요한 무언가를 만들어내면서도 철저하게 무시당한 대장장이의 비교, 당시 사회의 부조리를 꿰뚫고 있는 작가의 눈매가 빛나는 대목이다.

서날쇠는 목숨을 걸고 경기도와 충청도 일대의 군영을 돌며 임금의 밀지를 전했다. 포위된 남한산성을 구원하라는 임금의 명령을 전달하기는 했지만 각 군영은 일사불란하게 움직여주지 않았다. 더디기만 했다. 그사이 임금은 송파나루와 가까운 남한산성의 서문을 통해 세 번 절하고 아홉 번 머리를 찧는 항복의 길로 나섰다.

병자호란 당시 남한산성 안에는 분명 대장간이 있었을 게다. 어디쯤이었을까. 그 위치를 가늠이라도 해보려고 2023년 3월 7일 오후 남한산성을 찾았다. 평일인데도 성안은 관광객들이 많았다. 그 옛날 대장간의 위치를 확인할 수는 없었다. 아마도 행궁에서 멀리 떨어진, 논밭이 있던 그 언저리 어디쯤이지 않을까 생각만 했다.

　남한산성에서 가장 손쉽게 눈으로 확인할 수 있는 대장장이의 흔적은 붉은색이 선명한 쇠판을 덧대어 만든 서문의 철엽문(鐵葉門)이다. 우익문이라고도 하는 서문은 지금도 사람들이 드나들 수 있다. 철엽문은 밖에서 문을 부수거나 불을 붙이지 못하도록 나무의 겉면에 철판을 물고기 비늘처럼 덧대어 만든다. 쇠판이나 쇠못인 철정(鐵釘) 없이는 만들지 못하니, 이

남한산성 서문의 철엽문.

　대장간 이야기

철엽문은 서날쇠 같은 남한산성 안의 대장장이 솜씨
일 게 분명하다. 우리의 대장장이들은 적군이 밖에서
열지 못하도록 단단한 철엽문을 만들었건만, 임금 인
조는 그 문을 스스로 열고 나가야 하는 처지에 빠지
고 말았다.

남한산성 서문. 우익
문이라고도 한다.

　소설에서 그려진 것처럼 우리의 불쌍한 병사들이
정월의 엄동설한에 손발이 얼어서 문드러지는 고통을
겪으며 지켜낸 그 성축에도 올랐다. 청군의 말발굽 먼
지에 뒤덮였던 서울 하늘이, 400년 뒤인 2023년 지금
중국발 미세먼지의 습격을 받아 온통 뿌옇게 보였다.
인조가 청 태종에게 머리를 조아렸던 송파나루 그 터

에서 멀지 않은 곳에 우뚝 선 롯데월드타워의 높다란 모습도 그저 흐릿하게 멀리 있을 뿐이었다.

『현의 노래』는 우륵과 가야금, 가야와 신라의 전쟁을 주요 모티프로 한다. 왕의 죽음과 장례, 나라 간 전쟁이 긴박하게 펼쳐지는 이 소설 속에서도 대장장이의 솜씨가 빛난다. 대장장이가 꽤 높은 반열에 서고, 심지어 왕과도 독대한다. 『현의 노래』에는 작가 김훈의 대장장이를 향한 깊은 철학적 통찰이 제대로 스며들어 있다.

『현의 노래』에 등장하는 대장장이는 야로(冶爐)다. 야로 역시 서날쇠처럼 이름에서부터 대장장이 그 자체라고 할 수 있다. 야로는 가야 임금의 장례 때 쓸 엄청난 양의 쇠를 만든다. 신라와의 전투에서 이기기 위한 다양한 병장기도 특별히 고안해 제작한다. 가야의 저물어가는 운명을 짐작했는지 이중간첩 노릇을 하던 그는 신라에 귀부한다. 그로 인해 백제나 가야와의 결정적 전투에서 신라가 승리하게 된다.

작가는 이 소설에서 대장간의 원시적 모습을 구현하려고 애쓴 흔적이 역력하다. 아마도 가야나 신라의 무덤에서 발굴된 철기들을 유심히 살폈던 듯하다. 소설 속에서처럼 창, 칼, 도끼, 갈고리, 철퇴, 화극, 화살촉, 방패, 갑옷, 철모, 말안장, 등자, 재갈 같은 것들이 당시 대장간에서 만들던 병장기일 테다.

야로는 특정 지역의 군권까지 거머쥔 실력자였다.

왕이 인정하니 중신들도 어쩌지를 못했다. 소설은 대장장이 직업을 죽은 왕이 묻힐 때 따라 죽어야 하는 순장 조에 포함했다. 죽어서도 뭔가를 만들어 임금에게 바쳐야 하는 운명이란 얘기일 터.

'쇠붙이는 싸움터에서 부딪히고 깨어지면서 쇠붙이의 세상을 만들어갈 뿐'이라거나 '나도 태평성대에 연장이나 만들다 가고 싶소'라는 대장장이 야로의 생각은 시인 신동엽의 '껍데기는 가라', '그, 모오든 쇠붙이는 가라'와 같은 맥락으로 보아도 무방하다. 이는 분명 작가 김훈의 생각이기도 할 게다.

예전 대장간에서 일하는 장면을 사실적이면서 입체감 넘치게 그려낸 작품은 벽초 홍명희의 『임꺽정』이다. 임꺽정 패 이춘동은 대장간을 하고 있다. 벽초의 손에서 빚어지는 그 대장간 모습이 자못 흥미롭다.

게딱지 같은 대장간 속에 맨 뒤에는 일꾼 하나가 풀무 위에 올라서서 풀무질을 하고 모루 뒤에는 춘동이가 왼손에 집게 들고 바른손에 마치 들고 불 속을 들여다보고 앉았고 춘동이 앞에는 일꾼들이 메들을 거꾸로 세우고 쇠 위에 팔들을 걸치고 섰고 대장간 앞에는 동네 사람 서넛이 쪼그리고들 앉았는데, 둘은 고누를 두고 하나는 옆에서 구경하는 모양이었다. 얼마 뒤에 춘동이가 불 속에서 발갛게 단 쇠를 집게로 집어내서 모루 위에 놓고 마치질을 하는데 마치질 한 번에

메질 한 번씩 쌍메가 번갈아 들었다. 마치질 소리와
메질 소리가 고저장단(高低長短)이 서로 맞았다.

대장 이춘동은 왼손에는 집게, 오른손에는 작은 망
치(마치)를 쥐었고, 메질꾼 둘이 그 앞에 섰다. 대장과
메질꾼, 셋이서 마치질과 메질을 장단을 맞추어가며
한다. 마치질 한 번에 메질 한 번씩. 이름하여 세마치
장단이다. 대장이 망치를 두드리는 모습은 김홍도나
김득신 등 18세기 화가들의 대장간 그림에서는 보이
지 않는 장면이다. 이들의 그림 속 대장은 망치를 들
지 않고 집게만 쥐고 있다. 그래서 대장을 집게잡이
라고도 한다. 임꺽정은 이들 화가보다도 더 오래 전의
인물이다. 대장이 집게와 망치를 같이 든 모습은 19세
기에서 20세기 초에 개항장을 중심으로 활동한 기산
(箕山) 김준근(金俊根)의 풍속화에 와서야 볼 수 있다.
그러면 작가 홍명희는 왜 임꺽정 시대와 가까운 김
홍도의 그림처럼 이춘동에게 집게만 달랑 들리지 않
고 망치까지 동시에 쥐게 했을까. 이는 홍명희가 김홍
도 그림 대신에 자신이 살던 동네 현장에서 눈으로
확인한 대장간 모습을 작품에 반영했기 때문일 게다.
홍명희가 이 대목을 집필할 때는 1937년 12월 이후
1940년 10월 이전이다. 그 시절 홍명희는 서울 사대
문 안을 벗어나 마포 강변의 대흥동에 살았다. 아마
도 당시 마포지역의 대장간 모습이 소설 속 이춘동의

대장간 장면으로 그려진 게 아닐까 싶다. 김준근이 그림을 그리던 시대와도 그리 멀지 않다.

이처럼 대장간 작업 장면을 그린 소설과 그림을 비교하자니 대장간에서 일하는 모습의 변천 과정도 흥미롭게 그려볼 수 있다.

대장장이는 우리의 소설뿐 아니라 뛰어난 시인들에게도 작품의 소재가 되고는 했다.

"땀 흘리며 두들겨 하나씩 만들어낸 / 꼬부랑 호미가 되어 / 소나무 자루에서 송진을 흘리면서 / 대장간 벽에 걸리고 싶다"고 노래한 김광규 시인의 「대장간의 유혹」이 대표적이다. "제 손으로 만들지 않고 / 한꺼번에 싸게 사서 / 마구 쓰다가 / 망가지면 내다버리는 / 플라스틱 물건처럼 느껴질 때 / 나는 당장 버스에서 뛰어내리고 싶다 / 현대 아파트가 들어서며 / 홍은동 사거리에서 사라진 / 털보네 대장간을 찾아가고 싶다"던 1941년생 시인의 마음은 요즘 사람들에게 어떻게 다가설까.

신경림 시인의 「파주의 대장장이를 만나고 오며」역시 대장장이를 이야기하면서 빼놓을 수 없는 작품이다. 이 시는 식칼이나 낫을 만들어 파는 것으로 가족을 부양하는 평범한 대장장이에게도 자신의 손으로 병장기를 녹여내 평화의 레일을 깔고, 남북을 왕래하는 기차를 만들고픈 가슴 부푼 꿈이 있음을 그렸다.

시인 신경림은 또 서사시 「남한강」에서는 쇠무지벌이니 다인철소니 하여 신라, 고려시대부터 내려오는 대장간 마을의 내력을 읊기도 했다.

박경리의 『토지』를 비롯한 더 많은 작품에서도 대장장이를 살필 수 있다. 문학이 우리 삶의 모습을 비추는 거울이라고 할진대 우리 삶과 밀접했던 대장간이 소설 속에서 빠질 수는 없다. 하지만 앞으로의 우리 문학에서는 대장간이 끼어들 여지가 그리 많지 않아 보인다. 대장간은 이제 우리에게 더이상의 필수 공간이 아닌 낯선 이방인처럼 되었기 때문이다.

대장장이 이야기가 우리 문학에만 있을쏜가. 어느 나라에서건 그 나라의 문학에는 대장장이가 녹아들게 마련이다. 대장간은 인류 공통의 문명 발달을 읽는 발자취이기 때문이다. 현대 미국 소설 중 콜슨 화이트헤드의 『언더그라운드 레일로드』를 예로 들어보자. 한 노예 소녀의 탈출기를 그린 이 소설은 2016년 전미도서상과 2017년 퓰리처상을 수상한 역작이다. 이 작품에서 노예 사냥꾼 청년의 아버지는 대장장이였다. 그 대장장이도 앞에서 얘기한 우리의 서날쇠나 야로처럼 못 만드는 게 없었다. 못, 말발굽, 쟁기, 칼, 총, 쇠사슬 등이 그 대장장이의 손에서 나왔다. 작가는 그의 대장간을 '세상의 원시적인 에너지를 보여주는 창문'이라고 했다. 그 대장장이는 자신이 불리는 벌건 쇳덩이를 신처럼 절대적으로 여겼다.

그 대장장이가 만드는 물건들은 편리함을 주기도 했지만, 노예를 옥죄는 도구로도 쓰였다. 노예를 붙잡는 도구를 만들 것인가, 모두를 위한 연장을 만들 것인가의 철학적 물음은 '자유'와 '평등' 못지않게 이 작품을 관통하는 또다른 주제어라고 할 수 있다.

7.
역사 속
대장장이

경기도 구리시에서 서울 광진구 쪽으로 달리다보면 오른편에 그리 높지 않은 아차산이 있다. 이곳에 아주 특별한 고구려 유적지가 자리한다. 도로변에 '고구려 대장간 마을'이라는 표지판을 커다랗게 세워놓아 외지인들도 쉽게 찾을 수 있다.

한강을 사이에 두고 백제와 겨루던 고구려 군대의 전초 기지인 아차산 보루(堡壘)들이 바로 여기 있다. 보루는 현대의 우리나라 사정에 비춰보면 비무장지대 최전방 감시초소인 GP나 일반 전초인 GOP쯤으로 생각하면 된다.

남한 땅에 흔치 않은 고구려 군사 유적이라서 특별한 것도 있겠지만, 산꼭대기 보루에 딸린 대장간 흔적이 발굴되었다는 점에서 무엇보다 큰 관심을 끌었다. 산속 군사기지에 대장간이라니 좀 생경하다. 보루 부설 대장간은 그 전초에 근무하는 병사들의 무기를 손보고 무뎌진 창이나 칼날을 버리던 시설이다. 요즘 개념으로 치면 부대마다 배치된 정비 시설 같은 거다. 현대전에서도 탱크나 장갑차 등 첨단 장비가 많은 기계화 부대의 경우 정비부대는 사단 직할대로 삼아 각 단위 부대마다 따로 배속시켜 놓고 있다. 그때그때 상황에 맞추어 빠르게 대응토록 하기 위해서다. 이는 전투 현장에서 고장이 난 장비를 즉시 조치할 수 있도록 하는 최상의 시스템이다. 고구려 아차산의 보루 대장간이 바로 이 현장 조치를 위한 정비창이었다고 할 수 있다.

아차산의 여러 보루 중에서 대장간 시설이 발굴된 곳은 '아차산 4보루'이다. 다른 보루에도 대장간은 있

서울 아차산 고구려 유적전시관에 전시 중인 아차산 4보루 모형. 보루의 중앙은 병사들의 거주 시설 이다. 보루의 오른쪽 맨 위 귀퉁이의 흰색 표시가 붙은 부분이 간이 대장간 시설이 다.

아차산 4보루에서
발굴된 쇠스랑 복제
품.

었겠지만 안타깝게도 여기에서만 발굴이 되었다. 아차산 4보루는 발굴 전, 그러니까 1990년대 중반까지만 해도 군용 헬기장으로 쓰였다고 한다. 1500년 전 고구려군이나 대한민국 국방부나 아차산의 군사적 효용성을 보는 눈은 똑같았다고 평가할 수 있다.

아차산 대장간 마을에서 예전 대장간 모습을 그대로 볼 수 있는 건 아니다. 농기구며 각종 무기며 다양한 철제 도구들이 발굴되었는데, 그 장소를 쉽게 알리기 위해 대장간 마을이라고 이름을 붙인 거다. 구리시에서는 이곳에 작은 박물관인 전시관을 운영하고 있다. 1층과 2층 공간에 보루 모형을 갖추고 발굴 유물을 복제해서 보여주고 있다.

동아시아 최강의 철기 문화를 자랑하던 고구려. 그 대장간 문화가 고려로, 조선으로 이어졌다고 할 수 있다. 조선시대의 경우 대장장이 같은 기술자들을 우대한 임금을 꼽으라면 세종과 정조를 들 수 있다. 여기서는 정조 시대를 살펴보자.

아차산 시루봉 보루에서 발굴된 쇠창 2개, 허리띠 장식, 집게.(위에서부터)

　1795년 을묘년 윤2월, 임금 정조는 수원 화성(華城) 공사 현장에서 어머니 혜경궁의 회갑 잔치를 열었다. 이때 화성 축성에 동원된 기술자(장인)들까지도 푸짐한 상과 음식을 받았다. 상으로는 저마다 1~3등으로 차등을 두어 무명이나 베, 쌀 등을 내렸다. 임금이 참석해 음식을 베푸는 호궤(犒饋)도 여러 차례 열었는데, 그때마다 기술자들에게 수육과 술, 떡 등을 배불리 먹여 격려했다. 1794년 정월부터 1796년 9월까지 2년 반가량 이루어진 화성 공사 때 기술자들은 그야말로 호강했다.

　정조는 기술자들의 건강까지 챙길 정도로 각별했

다. 가장 더울 때와 가장 추울 때는 공사를 중단했음에도 불구하고 여름철에 더위를 먹었거나 더위에 약해진 몸의 기운을 돋우는 데 쓰라고 약을 내리기도 했고, 겨울에는 털모자와 무명을 개개인에게 보급했다. 호궤도 공사 기간에 총 11회나 펼쳤다고 하니, 2~3개월에 한 번씩은 임금이 직접 일꾼들을 모아놓고 음식을 내린 셈이다. 그 옛날 임금과 함께 밥을 먹는다는 것, 그야말로 없던 힘도 솟구치게 만드는 마법 같은 역할을 했을 터이다.

임금이 친히 나서서 기술자들을 격려하니 그 아래의 신하들은 어떠했겠는가. 임금의 진한 기술자 사랑이 있었기에 화성은 조선시대 성곽 건축의 꽃으로 평가받으며 유네스코 세계문화유산에 등재됐는지도 모르겠다.

김동욱 경기대 교수가 펴낸 『실학 정신으로 세운 조선의 신도시, 수원 화성』에 따르면, 화성을 짓는 데에는 석수(石手), 목수(木手) 등 22개 직종에 총 1840명의 기술자가 투입되었다. 여기에는 당연히 대장장이 야장(冶匠)도 포함되었다. 돌로 된 성을 쌓는 데 무슨 쇠를 다루는 대장장이가 필요하냐는 의문을 품을 수도 있다. 화성은 성벽 대부분을 돌이나 벽돌로 쌓기는 했지만, 신도시로 조성하다보니 목조 건물이 유난히 많았다. 장안문, 팔달문 등의 문루(門樓)와 동포루를 포함한 다섯 곳의 포루(砲樓), 그리고 행궁

등 목조 건축물에는 철물이 필수적으로 들어가게 마련이다.

화성 축성 현장에서 대장장이는 기술자 중에서도 꽤 높은 일당을 받았다. 돌을 다루는 석수가 매일 쌀 6승(升)에 전(錢) 4전 5푼을, 대장장이는 매일 전 8전 9푼을 받았다. 목수는 하루에 전 4전 2푼을 받았다. 당시 쌀 6되 값이 얼마나 되는지 알 수 없어 대장장이와 석수의 일당을 직접 비교하기는 어렵지만, 대장장이가 목수보다 두 배 이상 더 받았음은 확실하다.

우리 역사를 살펴보면 대장장이들이 제대로 된 대접을 받았을 때 나라는 흥했고, 그러지 못했을 때 나라는 어려웠다. 우리 민족의 흥망성쇠를 따지는 키워드를 고른다면 그중에 대장장이를 빼놓아서는 안 될 듯싶다. 대장장이는 특히 무기 제조와 관련해서는 가장 우월한 존재였다. 그 대장장이가 사회적으로 천대받는데 국방이 튼튼할 리 없고, 과학기술이 발전할 수 없는 건 자명하다.

조선시대의 기술직인 공장(工匠)들은 표면적으로는 무척 엄격하게 관리되었다. 대장장이인 야장(冶匠)을 비롯한 다양한 장인들을 어느 기관, 어느 지방에 몇 명씩 배치해야 한다는 규정이 당시 최고 법전인 『경국대전』에 실려 있을 정도다. 『경국대전』은 조선 개국 직후부터 시행한 각종 법령을 정리하기 시작해 여러 차례 수정을 거쳐 1485년에 완성되었다.

경공장(京工匠)이라고 하여 서울의 장인들을 따로 관리했으며, 서울을 제외한 전국 각지의 장인들은 외공장(外工匠)이라 칭했다. 경공장은 2800명쯤 되었고, 외공장은 3450명가량 되었다. 이들을 직종별로 나누면 총 137개 부류였다. 한 가지 흥미로운 점은 대부분 무슨무슨 장(匠)으로 불렸는데, 활을 만드는 궁인(弓人), 화살을 만드는 시인(矢人)만 '장(匠)' 자를 쓰지 않고 '인(人)' 자를 붙였다. 이는 활이나 화살 만드는 사람을 다른 장인에 비해 높이 쳤기 때문이라고 한다. 그런데 활시위를 만드는 이는 궁현장(弓弦匠)이라 했다. 활이 제 기능을 하기 위해서는 활과 화살 이외에도 활시위가 꼭 필요한데, 셋 중에 누구는 '사람 인' 자를 쓰고 누구는 '장인 장' 자를 써서 그 차등을 둔 이유를 알지 못하겠다.

여기서 대장장이 즉 야장(冶匠)과 관련하여 주목할 대목은, 서울 이외의 외공장 중 대장장이의 경우 그 전문성과 항상성을 특별히 인정했다는 점이다. 대장장이를 제외한 다른 장인들은 농업에 종사하면서 동시에 장인을 겸해야 했지만 대장장이는 농사를 짓지 않고 쇠 불리는 일에만 전념토록 했다. 장인들에 대해서는 호적(戶籍)처럼 장적(匠籍)이라는 문서를 만들어 관리했다.

조선시대 최고 권위의 법전인 『경국대전』에 각 기관이나 지방별로 137종이나 되는 장인의 부류와 총

숫자를 정해놓고, 일일이 장적(匠籍)에 넣어 관리하던 전통은 고려시대에도 시행하던 방식이었다. 『경국대전』의 기술자 관련 내용을 보면 고려의 것을 그대로 따온 듯하다.

고려시대 관리를 지낸 최사위(崔士威, 961~1041)의 묘지명에는 전국 장인들의 명단을 작성했다는 얘기가 나온다. 한림대학교 아시아문화연구소가 펴낸 『역주 고려묘지명집성(상)』에 실린 최사위의 묘지명에 따르면, 1010년 거란 침략 때 왕도인 개경에 보관하고 있던 백공(百工, 각종 장인)에 관한 모든 문서가 불타 없어졌다. 개경 왕궁을 회복한 뒤 최사위가 임금의 허락을 받아 백공의 문서를 다시 작성하는 일을 주관했다. 최사위는 중앙과 지방으로 나누어 공장(工匠)들의 성명을 적은 호적을 만들어 각 관청에 배포했다. 이 작업에 5년이나 걸렸다.

고려시대 장인들의 관리 문서가 조선의 『경국대전』에 적힌 대로 중앙과 지방으로 나뉘어 있었으며, 불타 버린 것을 새롭게 작성하는 데 5년이나 걸릴 정도로 그 숫자도 많았다. 이때가 고려 초기인 점을 감안한다면 전국의 모든 장인을 호적처럼 문서로 기록해 꼼꼼하게 관리하던 규정은 고려 이전인 고구려나 신라, 백제 때부터 전해오던 것일 수도 있다.

고려 장인들의 기술 수준을 엿볼 수 있는 해외의 평가 기록도 남아 있다. 송나라 사신 서긍(徐兢,

1091~1153)이 고려를 방문해 보고 느낀 바를 적어 송나라 왕 휘종에게 올린 『고려도경(高麗圖經)』에 "고려 장인의 기술은 매우 정교하여 뛰어난 재주를 가진 이는 모두 관아(公)에 귀속된다"는 구절이 있다. 중국의 관료가 당시 고려 장인들의 기술력이 꽤 높다고 인정한 거다.

대장장이가 엉뚱하게 역모 사건에 연루되어 죽임을 당한 일도 있었다. 임진왜란이 끝나고 광해군이 즉위하던 시기, 광해군의 형인 임해군(1574~1609) 역모 사건이 일어났다. 여기에 대장장이들이 얽혀들었다. 역모가 실제로 있었던 일인지 집권세력이 꾸며낸 것인지 그 실체적 진실을 알 수는 없지만, 당시 사건은 임해군이 철퇴와 환도 등을 마련해놓고 실력자들과 결탁해 왕권을 노렸다는 데로 맞추어졌다. 이 과정에서 애꿎게도 몇몇 대장장이들이 연루되었다. 대표적인 이가 야장(冶匠) 조명환이다. 조명환은 혹독한 고문이 가해지는 심문에서 임해군의 요청으로 말발굽과 못, 자물쇠 등의 철물을 만들어주었을 뿐 무기 제작에는 관여하지 않았다고 일관되게 진술했다. 그러나 조명환은 여러 차례의 가혹한 고문을 이기지 못하고 끝내 죽고 말았다. 이 내용은 조선시대 중죄인 심문 기록인 『추안급국안(推案及鞫案)』(전주대학교 한국고전학연구소 번역)에 자세히 나와 있다.

대장장이들이 직접 나서서 시장을 개설한 일도 있

었다. 1732년 영조 8년에 당시 야장(冶匠)들이 모여서 파철전(破鐵廛)을 창설했다. 영조 임금은 대장장이들의 파철전을 비롯해 시장에서 일어나는 온갖 문제점을 파악하는 데 주력했다. 이는 상인들의 요구사항을 비변사가 듣고 그 답변을 정리한 내용에까지 영조의 관심이 컸다는 데서도 잘 알 수 있다. 이를 기록한 게 『시폐(市弊)』라는 책으로 엮었다.

『시폐』에 적힌 사례 하나만 들어보자. 시장을 낸 야장들이 조정에 철물인 가랫날 10개를 납품해야 한다면, 이를 거둬들이는 관리들(員役輩)은 그 두 배인 20개를 받아갔다. 더 납품한 10개에 대한 값은 1~2년이 지나도 그저 반 정도만 받을 뿐이었다. 야장들이 이런 문제점을 호소하자 비변사에서는 관원과 하인배의 죄를 따져 다스리라고 명했다. 대장장이들의 이런 호소와 비변사의 대응에 임금 영조는 특별한 관심을 기울였다.

영조나 정조 때처럼 기술자나 상인들이 사농공상(士農工商)의 체계 속에서도 그나마 더 낫게 대우받던 호시절은 그리 오래가지 못했다. 정조가 갑작스럽게 세상을 뜬 뒤로 조선은 쇠퇴했고, 그 힘없는 나라는 열강의 먹잇감으로 전락하고 말았다. 국학자이자 독립운동가인 안확(1886~1946)은 1923년 저술한 『조선문명사』에서 "관리들의 탐욕과 침탈로 인하여 공업이 크게 쇠락하고 말았으니, 아! 쇠락한 때의 정치에 대해서는 차마 말조차 할 수가 없도다"라고 조선 후기의 정치적·경제적 타락상을 한마디로 꼬집었다.

안확은 이 책에서 조선 말기 서울의 각 관청과 공장에 연계된 기술자의 숫자가 3012명이라고 밝혔다. 또 서울 이외 지역에서 일하는 공장적(工匠籍)에 오른 기술자 수는 총 3502명이라고 했다. 안확이 적시한 전국 팔도의 장인 숫자가 흥미롭다. 경상도가 1129명으로 가장 많았고 전라도가 771명, 충청도 614명, 강원도 224명, 황해도 221명, 평안도 214명, 함경도 176명, 경기도 153명이었다. 안확이 통계를 잡았던 시점보다 400년이나 일찍 쓰인 『경국대전』에 나오는 서울 2800여 명, 지방 3450명과 비교하면 서울이 200여명 늘었을 뿐 지방은 큰 차이가 없다.

공업의 쇠퇴는 국가의 쇠락으로 이어진다는 안확의 지적은 그보다 앞선 19세기 후반 조선이 기울어갈 때 외국인들의 눈에도 그대로 비쳤다. 러시아 군인들이 1896년 초 조선의 이곳저곳을 둘러보고 쓴 『내가 본 조선, 조선인』에 서울의 망가진 대장간 모습이 잡힌다. 이 책에 보면, 러시아 장교들은 서울을 구경하다가 궁궐 근처 공장에 들렀다. 그 공장의 한 건물에는 소총과 탄약을 만드는 작업대 24개가 설치되어 있었지만 이를 돌릴 수 있는 발동기가 움직이지 않아 무기 생산 라인 전체가 멈춰 서 있었다. 다른 건물에는 고장 난 대장간 화로만이 있을 뿐 공장은 텅 비어 있

었다. 러시아인들이 보았던 대로, 조선은 대장간의 불
을 꺼뜨린 지 불과 10여 년 만에 국권을 강탈당했다.

8.
그림 속
대장간

비디오 아트의 선구자 백남준(1932~2006)의 예술론은 간단명료하면서 해학적이다. 인생은 싱거운 것이지만 이 인생을 짭짤하고도 재미있게 만드는 게 예술이라고 백남준은 이야기했다. 심심하지 않게 간을 맞추면서 재미를 줄 수 있는 예술, 말처럼 쉬운 것은 아니다. 백남준의 얘기에 딱 맞는 예술 장르를 꼽으라면 비디오 아트도 물론 있겠지만 그보다는 우리 전통의 풍속화를 앞에 두고 싶다.

김홍도(1745~1806?), 김득신(1754~1822), 신윤복(1758~?)이라는 3대 풍속화가가 조선의 르네상스 시대로 일컬어지는 영·정조 때 예술계의 스타로 떠올랐다. 우리 그림도 이렇게 해학적일 수 있구나 하고 놀랄 만큼 그들의 그림은 재미있는 소재와 구성으로 여전히 보는 이들의 배꼽을 빼놓고 있다. 조선 말기, 그러니까 개항기에는 기산 김준근의 풍속화가 외국인 수집가들에게까지 인기가 높았다.

무심코 스쳐 지나기 쉬운 우리네 삶의 현장을 애정 어린 눈으로 깊이 들여다보고 거기에서 해학적 포인트를 잡아 예술로 승화시킨 풍속화. 이들 풍속화가의 눈을 통해 우리의 옛 대장간 모습도 화폭에 담겼다. 김홍도, 김득신, 김준근 등의 대장간 그림 몇 점이 우리에게 오래전의 대장장이들과 대화할 수 있는 길을 열어주고 있다.

김홍도의 작품 2점, 김득신의 1점, 그리고 김준근의 3점, 이렇게 6점의 대장간 그림을 놓고 옛 대장간과 그곳에서 일하던 사람들 속으로 들어가보자. 대장장이와 대장간의 역사는 그야말로 유구한데 그 대장간을 시각 자료로 남긴 경우는 이렇듯 손에 꼽을 정도로 적다. 그래서 몇 안 되는 조선의 풍속화 속 대장간 작품이 특별히 소중하다.

단원(檀園) 김홍도. 천부적 재능을 지닌 화가로 특히 풍속화에 능했다. 그의 작품이 있었기에 18세기 후반 우리 사회의 면면을 좀더 구체적으로 들여다볼 수 있게 되었다. 그의 화폭에서는 서민들의 삶의 풍경이 동영상처럼 생생하다.

보물 제527호로 지정된 《단원풍속도첩》에 김홍도의 풍속화 25점이 실려 있다. 기와 이기, 주막, 빨래터, 자리 짜기, 벼 타작, 점심, 대장간, 논갈이, 서당, 무동(舞童), 점괘, 고누놀이, 씨름, 그림 감상, 길쌈, 담배 썰 김홍도의 〈대장간〉.

기, 편자 박기, 활쏘기, 우물가, 고기잡이, 장텃길, 나룻배, 신행(新行), 노중상봉, 행상 등이 작품의 주제다.

이들 작품 중 〈대장간〉에는 어른 키보다 높은 화로가 서 있고, 둥그런 모루가 놓여 있다. 대장간의 기본 작업 환경은 의외로 간단하다. 작품에는 5명이 등장하는데, 앉아서 집게를 들고 불에 달궈진 쇳덩이를 이리저리 뒤집는 대장이 화로 옆에 있고, 메질꾼 2명은 엇갈려 메질을 한다. 화로의 옆쪽이면서 대장의 뒤편에서는 어린 총각이 발을 굴러 풀무질을 한다. 그리고 지게를 벗어놓은 젊은이가 숫돌에 낫을 갈고 있다.

대장간에서 일하는 4명은 모두 고깔처럼 보이는 흰색 두건을 쓰고 있다. 메질꾼 2명과 낫 가는 젊은이는 짚신을 신었는데, 대장은 짚신이 아니라 가죽신인 모양이다. 화면에 잡히지는 않았지만 풀무질하는 총각도 짚신을 신었을 게다. 낫 가는 젊은이 옆에는 깨진 도자기 병이 놓여 있다. 숫돌에 끼얹을 물을 담는 용도다. 낫은 가느다란 모양새로 보아 굵은 나무를 쳐내는 데 쓰기보다는 풀이나 벼를 베는 데 적합하다고 할 수 있다.

김홍도는 대장간 모습을 병풍 그림에도 그려넣었다. 1778년에 8폭짜리 〈행려풍속도(行旅風俗圖)〉를 그렸다. 그중에 〈노변야로(路邊冶爐)〉, 즉 길가의 대장간이 있다. 제목을 대장간으로 잡았으면서도 정작 화면의 중앙은 초가집 주막이 차지하고 있다. 주막 앞뜰에는 앉아서 밥을 먹는 젊은 과객이 있고 커다란 버드나무의 풍성한 가지는 주막의 지붕까지 가린다. 과객에게 밥상을 내주고 방안에 들어앉은 아낙은 나그네의 밥 먹는 모습을 지켜본다. 나무 밑에는 2명의 어른이 쉬고 있고, 그 주막 마당의 귀퉁이에 대장간이 자리하고 있다. 키 낮은 화로와 모루를 가운데 두고 대장과 2명의 메질꾼이 작업중이다. 메질꾼들은 웃통을 벗어젖혔고 반바지 차림에 맨발이다. 풀무꾼은 발을 굴러 화로에 바람을 일으키고 있다. 그 한쪽에는 지게를 벗어놓고 낫을 가는 동네 사람도 있다. 사람들이 수시로 찾는 주막과 메질 소리 요란한 대장간이 공간을 공유하고 있는 거다. 주막이 주업이고 대장간은 부업인 것만 같다. 그러면 주막집 여주인과 대장간의 대장은 부부 사이일까. 그림을 보고 있자니 문득 그것이 알고 싶어졌다. 이 병풍 그림마다 표암(豹菴) 강세황(姜世晃, 1713~1791)이 감상평을 남겼는데, 〈노변야로〉에는 "무논에 해오라기가 날고 키 큰 버드나무에는 시원한 바람이 분다. 대장간에서는 쇠를 두드리고, 나그네는 밥을 사먹는다. 시골 주막거리의 쓸쓸한 풍경이 한적한 맛을 느끼게 한다"고 적었다.

긍재(兢齋) 김득신은 김홍도의 화풍을 가장 잘 이었다고 평가된다. 웃음을 자아내는 해학미에서는 오히려 김홍도를 뛰어넘었다고 보는 이들도 있다. 김득신의 〈대장간〉은 원래 제목이 〈야장단련(冶匠鍛鍊)〉인

데 김홍도 〈대장간〉과 판박이다. 위로 길쭉한 화로의
모양이며 모루의 위치 등 대장간 모습이 김홍도의 그
것과 영락없이 닮았다. 누가 봐도 같은 대장간이다.

김득신은 김홍도 대장간에는 없는 지붕이나 기둥
같은 배경을 추가했고, 김홍도가 그려넣었던 낫 가는
젊은이는 뺐다. 다만 숫돌은 물통 옆에 그대로 두었
다. 김득신 작품에서는 집게를 잡은 대장이 더 젊어졌
다. 메질꾼 1명은 웃통을 벗었고, 다른 1명은 앞섶을
풀었다.

김홍도 〈대장간〉과 김득신 〈대장간〉의 다른 점을

김득신의 〈대장간〉.

하나 더 꼽자면 대장의 시선이다. 김홍도 작품에서는 모두가 자기 일에 열중이다. 풀무꾼이며 메질꾼이며 대장이며, 일하는 사람 모두 붉은 쇳덩이가 올려진 모루 쪽을 바라보고 있다. 그런데 김득신 작품에서는 집게를 잡은 대장이 얼굴을 돌려 그림을 그리는 이를 쳐다보면서 입꼬리 한쪽을 살짝 올리며 웃고 있다. 마치 '이 장면 괜찮아?'라고 되묻는 듯하다. 섬뜩할 정도로 해학미가 물씬하다.

조선 최고 수준의 풍속화는 김홍도와 김득신의 붓끝에서 나왔건만 그 공을 화가들에게만 돌려서는 안 된다. 조선의 풍속화 전성시대를 이끈 이는 다름 아닌 임금 정조(재위 1776~1800)였다. 그림에도 능했던 정조는 궁중 화원들을 특별히 관리했다. 그들에게 풍속화의 주제까지 따로 정해줄 정도였으며, '모두 보자마자 껄껄 웃을 만한 그림'을 요구했다. 정조의 풍속화를 향한 이런 관심이 김홍도와 김득신의 손에서 익살 넘치는 작품이 쏟아진 근본 배경이라고 할 수 있다.

기산 김준근은 19세기 후반 조선의 풍속을 해외에 널리 알린 화가다. 하지만 그의 인생은 아직도 풀리지 않는 미스터리로 남아 있다. 언제 어디서 태어나고 언제 세상을 떴는지가 불분명하다. 어떤 인물이고 어떻게 살았는지도 제대로 드러나 있지 않다.

김준근은 부산, 원산, 제물포 등 개항장을 무대로 활동했다고 전해진다. 그곳에서 외국인들에게 풍속

김준근의 〈대장간〉.

화를 그려 판매했다. 그의 작품은 국내보다 해외에
더 많다. 그의 그림을 소개하는 책자도 외국에서 오
래전에 먼저 나왔다. 2003년에 우리말로 번역 출간
된 『箕山 한국의 옛 그림―풍경과 민속』이라는 책에
따르면 김준근의 그림을 소장한 외국의 기관은 미국
의 스미소니언박물관, 독일의 함부르크민속박물관, 뮌
헨민속박물관, 동베를린미술관, 오스트리아 빈민속박
물관, 네덜란드의 레이던국립박물관, 영국의 대영박물
관, 영국도서관, 덴마크의 국립박물관, 러시아의 모스
크바국립동양박물관, 프랑스의 국립기메박물관 등으
로 무척 다양하다.

김준근의 작품이 미국과 유럽의 여러 박물관에 많이 가 있는 것은 당시 서구에서는 미지의 아시아나 아프리카 지역 민속자료를 경쟁적으로 수집했기 때문이다. 『箕山 한국의 옛 그림』에 실린 작품은 개항기 조선의 외교 고문 등을 지낸 묄렌도르프(1848~1901)의 소장품이었다고 한다. 묄렌도르프는 1882년부터 1885년까지 조선의 외교와 통상 정책의 실권자였다. 우리나라에서는 목인덕(穆麟德)이라는 이름을 썼다.

『箕山 한국의 옛 그림』은 1946년 베를린 훔볼트대학 한국학과장을 맡았던 독일의 대표적인 한국학 전문가 하인리히 F. J. 융커 교수가 썼으며 1958년 동독에서 출간되었다. 우리말 번역본에는 김광언 전 인하대 교수의 「기산(箕山) 김준근(金俊根)의 풍속도 해제」라는 글도 실려 있어 김준근의 작품 현황과 그의 그림 세계를 이해하는 데 큰 도움을 준다. 이 책에는 김준근의 풍속화 44점이 소개되어 있다.

김준근의 풍속화는 2004년에 출간된 『민속에 대한 기산의 지극한 관심』이라는 책에 더 많이 실려 있다. 컬러판을 포함해 총 177점을 보여준다. 여기에 김준근의 대장간 그림 2점이 들어 있는데 제목이 〈대장장이〉인 컬러판 작품과 〈야장(冶匠)〉인 흑백 작품이다.

작품 〈대장장이〉는 옷이며 장비에 색깔을 넣어 더욱 생동감 넘친다. 등장인물은 6명이다. 집게를 잡은 대장과 메질꾼 2명, 풀무꾼 1명 등 4명의 대장간 일꾼이 있고, 낫을 가는 사람과 일하는 모습을 지켜보는 이가 1명씩 더 있다. 여전히 풀무꾼은 서서 발을 굴러 화로에 바람을 일으킨다.

이 작품 속 낫 가는 장면이 김홍도의 그것과는 좀 다르다. 낫을 숫돌에 가는데 가져온 게 두 자루다. 그런데 둘 다 낫자루가 빠진 채 바닥에 따로 떨어져 있다. 구경하는 사람은 낫 가는 사람과 같은 복장이다. 머리에 쓴 갓이며 입고 있는 바지 색깔까지 똑같다. 등 뒤로 짊어진 걸망에 나무 자루 2개가 삐져나와 있다. 자루의 정체가 궁금한데, 저 옆에서 낫 가는 사람의 그것처럼 아마도 낫이 아닐까 싶다. 낫을 2개씩이나 걸망에 넣고 다녀야 하는 이들의 직업은 도대체 무엇일까. 필시 둘이서 한 조가 되어 깊은 산을 헤매는 약초꾼이 아닐까 하는 생각도 든다. 요즘에도 높은 산을 누비는 약초꾼들은 낫을 챙겨가기도 한다.

작품 〈야장〉에는 대장과 메질꾼, 풀무꾼의 일꾼 셋이 등장한다. 모루의 형태나 화로의 모습, 그리고 풀무가 발을 굴러 바람을 일으키는 발풀무인 점 등 대장간 풍경은 〈대장장이〉와 비슷하다. 김준근의 〈대장장이〉와 〈야장〉, 이 두 대장간 그림에서는 집게를 쥔 대장이 망치질까지 하는 모습을 담고 있다. 김홍도나 김득신 작품에서는 대장이 집게만 들었을 뿐 망치까지 동시에 잡지는 않았다.

김준근의 또다른 〈대장간〉 그림이 있다. 이 작품은

문화재청이 숭례문 복구 과정에서 펴낸 「숭례문 대장
간」이라는 소책자를 통해서도 볼 수 있다. 이 책자는
김홍도, 김득신, 김준근의 대장간 그림을 소개하고,
1920년대 대장간 사진과 해방 직후 대장간 사진까지
더했다.

여기 실린 김준근의 〈대장간〉 작품은 대단히 귀한
정보를 제공한다. 지금까지 볼 수 있었던 대장간 그림
과는 달리 풀무가 손풀무로 바뀌어 있는 거다. 김홍
도나 김득신의 작품은 물론이고 김준근 자신의 다른
작품에서는 발풀무였다. 이는 김준근이 활동하던 시
대에 와서 손풀무가 생겨났고, 당시에는 발풀무와 손
풀무가 공존했다는 점을 확인할 수 있게 한다. 대장
간에서 풀무질의 방식이 바뀌었다는 것은, 자동차의
동력원이 내연기관에서 전기 배터리로 바뀐 것만큼이
나 중대한 변화다. 대장간 풀무는 발풀무에서 손풀무
로, 그리고 요즘처럼 전기 모터 송풍기로 변화해왔다.

「숭례문 대장간」 속 1920년대 대장간 사진도 무
척 흥미롭다. 모루 쪽에 높이 올라앉은 대장과 그 맞
은편 아래에 서서 메질하는 메질꾼, 그리고 화덕 옆
풀무꾼, 이렇게 셋이서 대장간을 채우고 있다. 대장
과 메질꾼의 복장에 먼저 눈길이 간다. 김홍도나 김
득신, 김준근의 그림 속 일꾼들처럼 흰색 바지저고리
를 입었다. 특이한 것은 김홍도와 김득신의 대장간에
등장하는 일꾼들이 쓴 고깔 모양과 같은 형태의 두

건을 하고 있다는 점이다. 김준근 그림에서처럼 머리에 수건을 질끈 동여맨 차림과는 사뭇 다르다. 게다가 1920년대 풀무꾼의 모습이 김득신 작품 속의 그네 같은 손잡이에 몸을 의지해 발풀무를 구르는 장면과 영락없이 닮았다.

「숭례문 대장간」에 실린 다섯 장면으로도 우리 대장간의 시대적 흐름을 여러 관점에서 바라볼 수 있다.

김홍도, 김득신, 김준근 같은 풍속화가들의 화폭에 담긴 대장간 모습은 당시 대장간의 구조와 작업 도구, 인력 배치, 일꾼들의 복식까지도 세심하게 들여다볼 수 있게 한다는 점에서 연구 가치가 여간 큰 게 아니다.

대장장이가 그림이 되어 그 모습을 맨 처음 드러낸 것은 고구려 벽화에서다. 앞에서 언급한 중국 지린성 지안의 오회분 4호묘에 대장장이 그림이 천연색으로 그려져 있다. 전문가들은 이 무덤이 6세기 후반에 조성된 것으로 추정하며 그림은 무덤의 주인을 위한 대장장이 신을 묘사한 것으로 풀이하고 있다.

대장장이가 둥그런 모루 위에 불에 단 쇳덩이를 올려놓고 앉은 채로 망치질하는 모습이다. 왼손에는 집게, 오른손에 망치를 든 것으로 보아 이 대장장이는 오른손잡이임에 틀림이 없다. 무덤 널방의 고임 벽에 그려져 있다.

검은색 모루 앞에는 나무도 심어놓아 신비감을 준

다. 모루와 대장장이를 보호하듯 지붕처럼 둥그렇게 휘어 있다. 당시 대장장이는 사람들이 도구를 사용해 농사를 짓고, 짐승을 잡고 키우며, 전쟁을 벌이고, 건축물을 짓는 데 반드시 필요한 존재였다. 신비로운 능력자였던 거다. 우러름의 대상이었음은 당연하다.

대장장이 신 바로 옆면에는 수레바퀴의 신을 그렸다. 16개의 바큇살이 있는 커다란 수레바퀴를 망치로 내리치는 장면이다. 바퀴가 장인의 얼굴 높이에 달할 정도로 크다. 역시 수레바퀴 앞에는 대장장이 그림과 마찬가지로 둥그렇게 휘어 있는 나무가 서 있다.

오회분 4호묘의 대장장이와 수레바퀴 장인은 많이 닮았다. 옷이며 신발이며 머리 모양까지도 비슷하다. 모델이 같은 사람일 수도 있겠고, 협업하는 관계일 수도 있겠거니 싶다.

서양에도 대장간 그림이 있다. 18~19세기 스페인 화단을 대표하는 고야(1746~1828)의 〈대장간〉이 유명하다. 고야는 김홍도와 나이가 엇비슷하다. 둘 다 왕실에서 일한 궁정화가였다는 공통점도 있다. 공교롭게도 둘 다 대장간 풍경을 작품에 담았는데, 그 분위기는 사뭇 다르다.

고야의 〈대장간〉에는 3명의 대장장이가 등장하고, 커다란 모루 위에 붉게 달궈진 철판을 올려놓고 있다. 얼굴만 조금 보이는 흰머리의 어른이 대장으로 보인다. 해머를 든 사람은 1명뿐이다. 쇳덩이를 붙들고 있는 사람이 2명이다.

고야의 작품 속 대장간은 분위기가 어둡다. 해머를 들었든 철판을 쥐고 있든, 일꾼들은 잔뜩 힘이 들어가 있다. 표정이나 동작에서 흥이라고는 보이지 않는다. 김홍도의 대장장이들은 몸짓이 가볍고 흥이 묻어난다. 메질에서 리듬감이 느껴지고 힘든 기색이라고는 없다. 〈대장간〉을 비롯한 고야의 후반기 작품이 어두운 것은 그가 살던 당시의 분위기 때문이라는 평가가 나온다. 나폴레옹 전쟁과 스페인 내부 혼란 등이 그의 작품에 검은 그림자를 드리웠다는 거다.

풍속화에 해학을 담아낸 김홍도나 김득신이 지금 우리 사회를 바라본다면 그들의 화폭에는 어떤 장면이 담길까. 편의점에서 컵라면에 삼각김밥을 먹는 모습일까. 한밤중 골목골목을 돌면서 쓰레기를 치우는 청소 노동자들일까. 입주민들에게 치이는 아파트 경비원의 처지일까. 농촌의 일터나 도시 공사판의 외국인 노동자들일까. 사람 대신에 기계가 일하는 자동화 시스템일까. 그 속에서 리듬감과 흥은 얼마나 묻어날까.

9.
영화 속
대장장이

우리에게 잘 알려진 영화에도 대장장이는 어김없이 등장한다. 주인공이 대장장이라는 타이틀을 달고 나타나기도 하고, 대장장이가 직업은 아닐지라도 주인공이 쇠붙이를 불에 달구어 칼 같은 무기를 순식간에 만드는 장면도 있다. 영화감독들은 주인공의 뛰어난 능력을 강조하기 위해 무기를 만들어내는 대장장이 기술을 활용하고 있다.

토미 리 존스와 베니치오 델 토로가 주연한 〈헌티드〉는 자칫 단순해 보일 수 있는 추격 액션 영화다. 하지만 영화 중간중간에 몇 가지 장치를 마련해 심각한 토론 주제를 던지기도 한다. 특히 성경 속에도 대장장이가 등장하고, 대장간의 필수 요소인 풀무가 자주 언급된다는 점을 보여준다. 성경 속의 대장장이 찾기, 이는 〈헌티드〉가 주는 특별 선물이라고 할 수 있다.

윌리엄 프리드킨이 감독을 맡은 이 영화는 2003년 작 미국 액션 영화다. 특수부대 최정예 요원 애런 할램(베니치오 델 토로)은 1999년 코소보 전장에 침투해 민간인 학살 부대의 리더를 처치한 공로로 은성무공 훈장을 받은 전쟁 영웅이다. 그는 학살 현장의 참상을 목격한 트라우마 탓에 사슴 사냥꾼들을 처참하게 살해하는 살인자로 변하게 된다. 그를 막을 수 있는 건 그를 살인 병기로 키워낸 훈련 교관 L. T. 본햄(토미 리 존스)이다.

애런 할램은 라이터나 성냥이 없어도 나무 막대기 마찰로 불을 피우고 날카로운 칼을 뚝딱 만들 수 있

영화 〈헌티드〉.

는 대장장이 능력자다. 그 기술을 가르친 이는 본햄.

애런 할램은 사냥꾼 살해 뒤 FBI(연방수사국)에 붙잡혔을 때 의미심장한 한마디를 던진다. 그는 수사진을 향해 "올해 닭 60억 마리가 도살되었다는 걸 아느냐"고 되묻는다. 인간이 생태계 먹이사슬의 최고점인데, 인간 위에 다른 어떤 종이 생겨서, 인간이 닭을 도살하듯이 그 종이 인간을 도륙하면 어떡하냐고 따진다. 코소보에서의 민간인 학살과 인간의 닭 도살을 연결해 생각하는 병적 사고에 빠져든 거다.

영화는 그러면서 엉뚱하게도 성경 속으로 관객을 끌어들인다. 시작과 끝에 구약 창세기에 나오는 아브라함을 시험하는 내용의 내레이션을 깔기도 했으며, 애런 할램의 나무 둥치 속 은신처에서 찾아낸 창세기 구절을 클로즈업해 보여주기도 한다. "아브라함은 번제에 쓸 장작을 이삭에게 짊어지게 하고, 자신은 불과 칼을 챙겼다. 그런 후에 아브라함과 이삭은 함께 산으로 올라갔다"는 내용이다. 하느님의 아브라함 시험 장면 중 하나인 창세기 22장 6절이다.

아브라함은 하느님의 지시를 받들어 아들 이삭을 죽이려고 준비한 칼을 어떻게 얻었을까. 태초의 상황을 이야기하는 창세기, 여기에도 대장장이는 있다. 창세기 4장 22절은 "두발가인은 구리와 쇠로 여러 가지 기구를 만드는 대장장이였다"고 말한다. 두발가인(투발카인)은 최초의 인류 아담과 하와의 자식인 가인의 후손이다. 두발가인의 대장장이 기술이 이어지고 이어져 아브라함은 칼을 준비할 수 있었다. 아브라함이 불과 칼을 챙기는 창세기 22장보다 앞서는 창세기 4장에서 대장장이가 먼저 나오는 것은 우연이 아니다.

성경에는 또 대장간의 필수 장비인 풀무가 여러 차례 등장한다. 국내 기독교박물관 같은 곳에서 이스라엘의 옛 풀무와 우리나라의 전통 손풀무를 함께 전시할 정도로 기독교계에서는 대장간의 풀무를 중요시한다.

다시 〈헌티드〉로 돌아가면, 본햄과의 마지막 결투를 앞두고 도망치던 애런 할램이 폐공장에서 판스프링을 떼어내 원시적인 방식으로 불을 피워 칼을 만들고, 추격자 본햄은 돌칼을 만든다. 돌칼과 쇠칼의 대결 설정도 흥미롭다.

흥행의 마술사로 불리는 제리 브룩하이머가 제작을 맡은 영화 〈캐리비안의 해적: 블랙 펄의 저주〉에도 대장장이가 등장한다. 해적 선장 잭 스패로 역의 조니 뎁과 호흡을 맞춰 주연 같은 조연을 펼친 올랜도 블룸이 젊은 대장장이 윌 터너 역을 소화했다.

원래가 해적의 아들인 윌 터너는 어렸을 적 바다에서 난파선에 탔다가 구조된 이후 대장장이로 성장한다. 그는 군인이나 해적들이 쓰는 전투용 검을 특별히 잘 만든다. 대장장이 신분이지만 명문가의 딸을 흠모

영화 〈캐리비안의 해
적: 블랙 펄의 저주〉.

하게 되기도 한다. 잭 스패로와 또다른 해적 선장 바
보사 사이의 갈등 상황에 얽혀들게 되지만 난관을 스
스로 헤쳐나가면서 사랑까지도 쟁취한다.

이 영화는 윌 터너가 일하는 대장간의 내부 장면
연출에도 신경을 썼다. 커다란 모루나 화덕, 수많은
망치들을 실제 대장간 모습처럼 자세히 묘사했다. 해
적인 잭 스패로는 군인들에게 붙잡혔을 때 신분을 속
이려고 자신의 이름이 'Smith'라고 거짓으로 둘러대
는데, 이 스미스가 바로 대장장이를 일컫는 말이다.
이렇듯 이 영화는 '해적'이라는 소재 이외에 '대장장
이'라는 직업에도 앵글의 상당 부분을 맞추고 있다.

그리고 결국 해적 잭 스패로와 대장장이 윌 터너의 해피엔딩으로 마무리되는데, 한 가지 놓쳐서는 안 되는 메시지가 있다. 해적 선장 바보사는 코르테의 보물을 훔친 뒤 죽으려 해도 죽지 못하고, 아무것도 느낄 수 없는 저주를 받는다. 물을 마셔도 목이 마르고, 음식은 입속에서 재가 되고, 그 어떤 아름다운 여인도 가슴을 채울 수 없다고 바보사 선장은 고백한다. 남의 재물을 강탈하면서 살아온 해적 바보사는 어울리지 않게도 "한때 탐욕으로 채워졌던 우리는 이제 탐욕으로 소멸되고 있다"는 생각 깊은 얘기까지 털어놓는다.

바보사 선장은 또 저주가 풀리면 먹으려고 사과 하나를 손에 쥐고 있었는데 잭 스패로에게 죽임을 당하면서 그 사과를 떨구게 된다. 탐욕은 탐욕으로 소멸한다는 바보사의 고백과, 그렇게도 갈망하던 사과 한입 베어물지 못한 채 죽음을 맞는 그의 최후에서 우리는 스스로를 돌아보게 된다. '혹시 나도 탐욕으로 채워져 있지는 않은가.' '먹지도 못할 사과를 너무 꼭 쥐고 있지는 않은가.'

거장 리들리 스콧이 메가폰을 잡은 〈킹덤 오브 헤븐〉은 대장장이로 시작해 대장장이로 끝나는 영화다. 전쟁의 광기와 이에 맞서 백성들을 살리는 대장장이 출신 기사(騎士)의 활약상을 그린다. 그 주인공 역할을 〈캐리비안의 해적: 블랙 펄의 저주〉에서 대장장이였던 올랜도 블룸이 맡았다.

영화의 배경은 12세기 유럽과 예루살렘이다. 예루살렘을 두고서 벌이는 십자군과 이슬람군의 끊임없는 전쟁을 다루었다. 상영 시간은 140분이 넘지만, 긴장감 넘치는 전투 장면과 유명 배우들의 열연이 시간을 빨리 가도록 한다.

아내와 사별해 혼자가 된 대장장이 발리안(올랜도 블룸)은 예루살렘에 속한 이벨린 땅의 영주 고프리(리암 니슨)가 난데없이 아버지를 자처하고 나서면서 기사의 반열에 오른다. 그 고프리가 갑자기 세상을 뜨면서 발리안은 영주 자리까지 물려받는다.

물이 부족한 이벨린 땅에 우물을 깊이 파서 주민들의 삶을 풍요롭게 하지만, 발리안은 뜻하지 않게도 대전쟁의 소용돌이에 휘말린다. 자신이 속한 십자군이나 상대 진영인 이슬람군 양쪽에 도사리고 있는, 전쟁을 부추기는 세력 때문이다.

십자군 내의 전쟁 유발자들은 제대로 된 전략이나 전술도 없이 이슬람 대군과 맞붙은 바람에 전멸하고 만다. 이제는 죄 없는 예루살렘의 수많은 백성마저 위기에 처하자 발리안이 나선다.

발리안은 밖에서 전멸한 군인들을 보충하기 위해 싸움이 가능한 천민들을 기용했다. 자신이 그랬던 것처럼 천민들에게도 기사 작위를 부여하여 전투 동력을 확보한 거다. 이러한 면천(免賤) 방식의 군인 채용은 임진왜란을 비롯한 예전의 우리나라 전쟁에서도 있었다.

발리안은 그렇게 모은 병사들을 동원하여 과학적 거리 측정 방법과 상대가 예상하지 못한 전술에 힘입어, 엄청난 피해 속에서도 예루살렘을 방어해나간다. 피차간에 소모전이 계속되자 양측은 평화협상을 맺는다. 십자군 쪽에서 예루살렘 성을 비워주는 대신에 성안의 백성들이 안전하게 성을 빠져나갈 수 있도록 보장받는다는 내용이었다. 그렇게 해서 예루살렘 백성들은 목숨을 지킬 수 있었다.

그러면 왜 리들리 스콧은 발리안의 직업을 대장장이로 삼았을까. 척박한 땅에 물이 흐르게 하고, 누가 보아도 열세인 수성전에서 온갖 전술을 발휘해 약점을 보완할 줄 아는 주인공에게 가장 걸맞은 직업은 창의성이 핵심이어야 하는 대장장이라고 판단했기 때문일 터이다.

성을 내주고 예루살렘 백성들을 지켜낸 발리안은 폐허가 된 예전의 대장간으로 돌아와 터를 잡는다. 새로운 십자군이 다시 예루살렘 성을 되찾기 위해 출정하면서 참전을 부추기지만 발리안은 "나는 대장장이일 뿐"이라면서 거듭 뿌리치는 장면으로 영화는 끝을 맺는다.

왕년의 액션 배우 실베스터 스탤론이 2019년 70대의 노익장을 과시한 〈람보: 라스트 워〉에도 아주 그럴

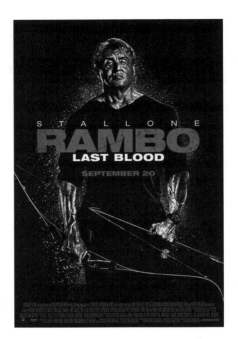

영화 〈람보: 라스트
워〉.

듯한 대장간이 화면에 잡힌다. 전쟁의 트라우마에 시
달리던 람보는 조용한 노후를 보내기 위해 시골의 삶
을 택했다. 그렇지만 시골집의 너른 뜰 지하에 대규모
벙커를 지어놓았다. 만일의 사태에 대비하는 전사의
기질까지 아예 버린 건 아니었던 거다.

람보가 지은 지하벙커의 특징 중 하나는 큼지막한
대장간이다. 람보는 시리즈 초창기부터 칼 같은 무기
를 직접 자기 손으로 만드는 체질이지만 이번에는 자
기 집에 대장간을 통째로 들여놓았다. 화로도 원통형
으로 큼직하고 모루도 커다랗다. 망치며 각종 연장과

거기서 만들어진 다양한 형태의 칼들이 벙커 벽면에 나란히 걸려 있다. 대장간이 딸린 지하벙커는 람보가 갱단을 물리치는 결정적 장치가 된다.

우리나라 드라마에서도 대장장이가 비중이 큰 역할로 다뤄진 적이 있다. 2006년 5월부터 1년 가까이 방영된 〈주몽〉에서 탤런트 이계인이 열연한 모팔모가 새로운 철제 무기를 만들어내는 대장장이다.

대장장이 모팔모의 인기가 얼마나 대단했던지 당시 이계인은 2006년 11월 한강유람선에서 생애 첫 팬미팅 행사를 치르기도 했다. 이계인은 또 '모팔모의 강철검 제작 강의'도 진행할 정도였다.

〈주몽〉에서 생각지도 않았던 대장장이가 뜨자 당시 산업자원부는 이계인씨를 '부품·소재 홍보대사'로 위촉하고 공로패를 주기도 했다. 그리고 언론 보도자료에서 "소재 원천기술의 보유 여부가 고대국가의 흥망을 결정하였듯이, 오늘날 국가와 산업의 경쟁력 또한 소재 원천기술의 보유 여부에 의해 결정되고 있다" 면서 "우리 국민들이 부품·소재와 원천기술 개발의 중요성을 다시 인식하게 하고 부품·소재 산업 종사자들의 사기와 자부심을 진작하기 위한 것"이라고 대장장이 모팔모 역의 이계인씨 홍보대사 위촉 이유를 설명했다.

10.
음악 속
대장간

새가 지저귀는 걸 노래한다고 표현한다. 우리말이건 영어 'sing'이건 똑같다. 최초의 음악 선생은 아마도 새일 것만 같다. 인간은 새들의 지저귐에서 음악적 영감을 얻고, 소리로 대화하는 방식을 터득했을 게다.

유럽의 신화를 새롭게 정립했다는 평가를 받는 토머스 불핀치(1796~1867)의 『그리스 로마 신화』는 아테나 여신의 플루트 발명으로 시작한다. 아테나가 숲속을 거닐다가 반지르르 윤이 나는 깨끗한 뼈를 발견하고서 손가락으로 구멍을 뚫어 최초의 악기인 플루트를 만들었다는 얘기다.

고고학 분야에서도 플루트나 피리를 최초의 악기로 보고 있다. 독일에서는 3만 5천 년 전의 피리가 발견되었는데 재질은 독수리 날개 뼈인 것으로 전문가들은 추정하고 있다. 중국에서도 역시 오래된 뼈 플루트가 나왔다.

우리나라에서도 뼈 피리가 문학적 소재로 쓰인 적이 있다. 벽초 홍명희는 『임꺽정』을 쓰면서 「화적편」에 '피리'를 별도의 목차로 따로 떼어놓았다. 피리를 특별히 잘 부는 왕실의 종친 단천령(端川令)과 가야금 잘 타는 기생 초향이의 만남을 다루고 있는데, 단천령이 부는 피리가 두루미 다리뼈로 만든 거였다. 이름하여 학경골(鶴脛骨) 피리. 벽초는 단천령이 어떻게 학경골 피리를 만들게 되었는지, 생긴 건 어떻고 소리는 어떤지 등을 구성지게도 풀어냈다.

『그리스 로마 신화』에 나오는 뼈로 플루트를 만든 장면에서 시작해 독일의 독수리 날개 뼈 피리와 중국의 뼈 플루트, 그리고 우리 『임꺽정』 속의 학경골 피리까지를 연결해보면 너무나 공교롭다는 생각이 든다. 이게 바로 동서양을 넘나드는 음악의 공통점인가 싶기도 하다. 그래서 음악을 만국의 공통언어라고 하는지도 모르겠다. 새들의 지저귐이 그러하듯 말이다.

사람들이 일하면서 부르는 노동요는 아주 오랜 전통의 노래다. 일하는 게 힘들다보니 노래로 그 수고를 누그러뜨리고자 해서 부르기도 했고, 식구들을 먹여 살릴 수 있는 일이 즐거워 노래를 흥얼거리기도 했다. 대장간 노래 역시 마찬가지다. 대장간과 음악은 어쩐지 어울릴 것 같지 않은데 생각보다 꽤 밀접한 관련을 맺고 있다.

세마치장단이라는 말은 누구나 한번쯤 들어봤을

테다. 이 세마치장단이 바로 대장간에서 나온 말이다. 셋이서 하는 대장간의 마치질 소리가 세마치장단의 원류가 되었다.

세마치장단은 민요나 판소리, 농악 등에서 두루 쓰인다. '아리아리랑 쓰리쓰리랑 아라리가 났네~~' 하는 진도아리랑을 비롯하여 우리 귀에 익은 수많은 노래가 이 세마치장단이다. 대장간은 이처럼 우리 전통 음악과도 떼려야 뗄 수 없는 원초적 관계에 있다.

대장간의 풀무질과 관련한 노래도 전국적으로 많다. 서도민요 중에 〈풍구타령〉이 있고, 풀무노래(강원도 고성)나 불미노래(밀양) 등 화로에 바람을 일으키는 일을 하면서 부르는 노래는 각 지역마다 특색 있게 전해지고 있다.

국내 유일의 풍철(豊鐵) 기원 노동요로 남아 있는 울산쇠부리소리의 탄생 장소인 달천철장 유적공원 전경.

전국으로 따져보면, 대장간 노래를 가장 온전한 형태로 보존하고 있는 곳은 울산이다. 울산쇠부리소리는 울산광역시 무형문화재 제7호다. 울산은 해마다 쇠부리축제를 펼친다. 쇠부리란 쇠를 부린다는 뜻인데 쇠를 뽑아내는 우리 전통 제철법을 일컫는다.

쇠부리소리는 철광산에서 철 성분이 많은 흙이나 돌을 캐낸 뒤 이를 불에 녹여 쇠를 분리해내는 제련 과정에서 부르는 노래다. 이 쇠부리 과정을 거쳐 나온 쇳덩이를 가져다가 각종 도구를 만드는 대장간에서의 노래도 울산쇠부리소리에는 포함되어 있다. 흙이나 돌이 철기(鐵器)로 변모하기까지 그 일련의 과정이 노래로 남아 있는 경우는 세계적으로도 유례를 찾기 어렵다.

2023년 4월 7일 쇠부리소리의 현장인 울산을 찾았다. 5월 12일부터 사흘간 울산 달천철장에서는 제19회 쇠부리축제가 열렸는데, 그전에 행사가 아직 한 달 넘게 남았는데도 울산광역시 북구를 비롯한 관계 기관에서는 벌써 축제 준비를 하고 있었다.

울산쇠부리소리는 '쇠부리 불매소리', '쇠부리 금줄소리', '애기 어르는 불매소리', '성냥간 불매소리'의 4가지로 구성되어 있다. 이들 소리는 각각 다른 상황에서 부르지만 쇠부리와 연관된 것이어서 하나로 묶어 보존하고 있다.

'불매'는 화로에 바람을 일으키는 풀무를 일컫는다.

쇠부리 공정에서의 풀무는 편편한 발판에 여럿이 발로 구르게 되어 있었다고 한다. 쇠부리 불매소리는 이 과정에서 풀무꾼들이 부르던 노래다.

쇠부리 금줄소리는 쇠부리 작업장 주위에 부정을 막고 풍철(豊鐵)을 기원하기 위해 쳐놓은 금줄을, 작업을 마무리할 때 태우면서 부르는 노래다. 쇠부리가 잘 되어 부모 봉양하고 태평성대 하기를 비는 내용이다.

애기 어르는 불매소리도 있는데, 쇠를 다루는 데 무슨 애기인가 싶지만 쇠부리터 주변 마을에 젊은 부부가 일하러 나간 뒤 할머니들이 애기를 돌보면서 부르던 노래다.

성냥간 불매소리는 대장간 풀무꾼들이 부르던 노래다. 성냥은 불을 일으키는 나뭇개비라는 말도 있지만, 쇠를 불에 불린 뒤 벼리거나 연장을 만든다는 의미도 있다. 성냥간 불매소리는 쇠부리터에서 나온 쇠를 받아 쓰는 그 주변 대장간에서 부르던 노래다.

울산쇠부리소리의 음률은 경상도 가락인 덧배기 장단과 이보다 좀더 빠른 자진덧배기 장단이 주를 이룬다. 덧배기 장단은 영남지역의 토속 춤인 덧배기춤에 맞추는 장단이라고 하는데, 경상도식 자진모리장단이라고 이해하면 된다.

쇠부리 작업은 단절되었지만 울산쇠부리소리가 지금까지 전해질 수 있었던 데는 한 언론사의 역할이

지대했다. 1980년대 초반, 당시 울산 MBC(문화방송)의 〈우리의 소리를 찾아서〉라는 프로그램에 81세이던 마지막 쇠부리터 불매꾼 최재만(1900~1986) 옹이 소리를 전한 거였다. 채록한 그때가 1981년이다. 최 옹은 쇠부리 일을 천시하던 사회 분위기 때문에 일을 그만둔 뒤에도 자신이 한 일을 굳이 입에 올리지 않고 살았다고 한다. 그러니 그 소리가 밖에 알려질 수가 없었던 거다.

조선 중기 제철산업의 선구자로 평가받는 구충당 이의립 선생 동상. 달천청장 유적공원에 있다.

쇠부리 불매소리의 노랫말 중에는 "옛시절에 구충당이 십년세월 쇠를 차자 세상천지 헤매다가 차꼬보니 달내토철"이라는 구절이 있다. 달천철장의 유래를 설명한 대목이다. 달천철장(達川鐵場)은 달천이라는 동네에 있는 철광산이란 의미다.

노랫말에 나오는 구충당은 이의립(李義立, 1621~1694) 선생의 호다. 구충당(求忠堂) 이의립 선생은 달천산에서 무쇠광산을 발견하고, 쇠부리를 통한 제련법을 터득한 조선 중기 제철업의 선구자로 불린다. 이러한 역사적 사실까지 풀무꾼들의 노랫말에 들어가 있다는 게 그저 반가울 뿐이다.

구충당의 달천철장 발견 이후 이곳은 우리나라 철산지의 대표 격이 되었다. 일제강점기에는 여기서 생산한 철을 일본으로 몽땅 반출하기도 했다. 1970년대에는 포항제철(포스코)에 납품했다는데 1993년 생산을 멈추고 문을 닫았다. 달천철장은 울산광역시 기념물 제40호로 지정해 보존하고 있다. 달천철장 유적지에는 기념관 겸 전시장을 지어 삼한시대부터 2천 년을 이어온 이곳의 유래와 철 생산 과정 등을 다양한 시각 자료로 보여주고 있다.

달천철장 전시장 벽면에는 이색적이게도 일본인 교수의 편지가 걸려 있다. 시오미 히로시(潮見浩) 히로시마대학 명예교수의 '달천철장 철광산 보존에 관한 요청서'이다. 시오미 교수는 고대의 철 생산을 연구하는

다타라연구회(たたら研究會) 회장이었는데, 달천철장 철광산 부지가 도시개발 예정 부지에 편입돼 사라질 위기에 있다는 얘기를 듣고 2000년 10월 울산광역시장 앞으로 편지를 보냈다. '달천철장은 한국뿐만 아니라 중국, 일본을 포함한 동아시아에서 고대국가 형성기의 철 생산과 유통을 고찰하는 데 매우 귀중한 유적군'이라면서 보존 요청을 한다는 내용이었다. 다타라(たたら, 踏鞴)라는 말은 바로 최재만 옹과 같은 불매꾼들이 달천철장 쇠부리 과정에서 발로 밟아 바람을 일으킨 골풀무를 뜻한다.

울산광역시는 이 편지 때문만이 아니라 국내 전문

달천철장 전시장 내부 모습.

가들의 의견과 달천철장의 역사적·문화적 가치 등을 종합적으로 따졌을 테지만, 아무튼 2003년에 기념물로 지정해 보존하고 있다. 이곳의 철광석은 1906년부터 일본인이 소유권을 박탈한 이래 해방 때까지 일본 본토에 공급했다고 달천철장 유적지 알림판은 설명하고 있다. 어떤 일본인은 달천철장의 철광석을 수탈해 가고, 또 어떤 일본인은 달천철장을 보존해달라고 요청하고, 역사의 아이러니가 아닐 수 없다.

조선 후기 판소리 사설을 통해서도 우리는 대장간 작업의 일단을 엿볼 수 있다. 〈춘향가〉, 〈심청가〉, 〈흥보가(박타령)〉, 〈수궁가〉, 〈적벽가〉 등 판소리 다섯 마당 중 〈박타령〉에 대장간 이야기가 들어가 있다.

흥보는 욕심 많고 심술궂은 형 놀보한테 쫓겨나 부랑 생활을 하게 되는데, 어떻게라도 먹고살기 위해 품팔이를 한다. 시골에서도 품을 팔고 서울에서도 파는데 도무지 무엇 하나 제대로 되는 게 없다.

흥보에게는 그래도 시골 품팔이 쪽이 할 만한 게 많다. 김매기, 풀베기, 장터 심부름하기, 가마메기, 등짐지기, 기생 편지 전하기, 관아의 소식 급히 전하기, 담쌓는 자갈 줍기, 모내기 철 품팔기 등이 있고, 여기에 대장간 풀무 불기도 들어 있다. 흥보는 애를 쓴다고는 하지만 힘에 부쳐 버텨내지를 못한다.

서울로 와서는 술집 종노릇을 하다가 술 가마를 망쳐놓아 뺨을 맞고 쫓겨나고, 급기야 매를 대신 맞아

주는 매품까지 팔러갔는데 차례가 밀려 매 맞는 일도
못한 채 빈손이다. 일거리는 시골이 많다지만 힘에 부
쳐서 서울로 왔던 것인데 그마저도 일을 제대로 못해
내니, 결국에는 흥보 부인까지 나서건만 식구들은 늘
굶기 일쑤다.

대장간의 풀무질은 대장간 일 중에서 가장 단순한
노동이다. 메질을 하는 메질꾼이나 집게를 잡는 대장
의 일은 아무나 할 수 있는 게 아니다. 수년씩 걸려야
터득하는 고난도 기술이다. 대장간 일은 기술력에 따
른 분업 체계를 자연스럽게 갖추게 된다. 특별한 기술
이 없어도 되는 풀무질에는 그때그때 아르바이트를
쓰기도 했다는 점을 〈박타령〉은 알려준다.

〈박타령〉은 흥보처럼 가진 것 없는 서민들이 육체
노동에 뛰어들 수밖에 없는 현실을 다양한 일거리를
통해 보여준다. 기술이라고는 없는 흥보가 할 수 있는
건 대장간 풀무질이었지만 그마저도 흥보는 감당하지
를 못한 거였다.

〈박타령〉에 등장하는 서민들의 품팔이 일거리가
또하나의 얘깃거리다. 흥보가 해본 시골 일은 18가지
이고, 서울 일은 2가지이다. 그 시골 일의 대부분은
근력을 써야 하는 막일이다. 눈길을 끄는 것은 상갓집
상여 행렬의 명정(銘旌) 들기와 부잣집 혼례 때의 기
러기 들기, 관공서 숙직 대신 서기 등이다.

요즘 우리 사회에도 결혼식장 하객 아르바이트나

장례식장 조문을 대행해주는 회사까지 생겼다고 하는데 〈박타령〉의 홍보나 놀보 시절에도 그런 아르바이트가 있었다는 게 흥미롭다. 관공서 숙직까지 대리하는 일도 있었다니 나랏일이 얼마나 엉망이었는지 알 만도 하다.

음악이 세계 공통의 언어인 이상, 대장간 음악도 우리나라뿐만 아니라 서양에도 있지 않을까. 당연히 그렇다. 우리에게 가장 유명한 서양의 대장간 음악은 오페라 〈대장간의 합창〉이다. 주세페 베르디(1813~1901)의 대표작 중 하나인 《일 트로바토레》의 2막 1장이 〈대장간의 합창〉이다. 베르디 혼자서 다 한 것도 아닌데 이 작품을 완성하기까지 3년이라는 긴 시간이 걸렸다. 1853년 로마 아폴로극장에서 초연했다.

이 작품은 이름처럼 대장간에서의 노동이 중심이 되는 것은 아니다. 집시 여인이 핵심이지만 대장간의 모루가 나오고 쇠망치가 등장해서 그렇게 이름을 붙인 듯하다. 원래는 '집시의 합창'이다. 영어로 번역할 때는 집시를 넣지 않고 'Anvil Chorus'로 쓰는데, 직역하면 '모루의 합창'이라고 해야 한다. 그렇지만 모루라고 하는 다소 낯선 말보다는 듣기 쉽고 의미 전달이 금방 되도록 대장간의 합창이라고 칭한 듯하다. 〈대장간의 합창〉은 베르디의 합창곡을 대표하는 명곡으로 꼽힌다. 그만큼 자주 연주되었으며, 많은 이들이 따라 부를 수 있을 만큼 친숙한 곡이다.

11.
지명 속
대장간

경남 합천군에는 야로면이라는 행정구역이 있다. 거기
에 또 야로리라는 동네가 있다. 야로면 야로리. 이곳
은 어찌하여 야로라는 이름을 두 번이나 쓰게 되었을
까. 여기 야로(冶爐)는 대장간을 말한다. 이 고장에 붙
은 야로라는 이름의 연원은 통일신라 경덕왕 때로 거
슬러오른다. 그 이전에는 적화(赤火)라는 이름으로 불
렸다고 한다.

　김부식의 『삼국사기』 중 지리(地理)를 설명하는 대
목에 "야로현(冶爐縣)은 본시 적화현(赤火縣)인데, 경덕
왕이 개명하여 지금도 그대로 일컫는다"는 기록이 있
다. 『고려사』 역시 마찬가지다. 『고려사』 「지리편」 '야
로현(冶爐縣)'조를 보면, "본래 신라의 적화현(赤火縣)
으로 경덕왕이 지금 이름으로 고쳐 고령군(高靈郡)의
영현(領縣)으로 삼았고 현종 9년에 내속(來屬)하였다"
고 했다. 적화현을 야로현이라 고치고 고령군에 속하

게 했다가 고려 현종 9년(1018)에 다시 소속을 합주(陝州, 합천의 옛 이름)로 되돌렸다는 얘기다.

야로현의 신라 때 지명인 적화라는 말은 철 성분이 섞인 붉은 흙과 이를 녹이기 위한 불을 의미하니 이 역시 대장간과 관련이 깊다. 16세기에 편찬된 『신증동국여지승람』에서는 합천군의 대표적 토산물이 "야로현에서 나는 철(鐵)"이라고 밝히고 있다. 이렇게 본다면, 적화나 야로라는 이름은 이 지역에서 쇠를 많이 생산했기 때문에 붙여진 것임을 알 수 있다.

지명(地名)에는 그 땅의 내력과 그 터에서 살던 사람들의 이야기가 담겨 있다. 지명은 그 땅의 이야기를 가장 깊으면서도 넓게, 그리고 가장 오래 간직해왔다고 할 수 있다.

경덕왕이 적화현을 야로현으로 고친 것은 바로 이 점, 그러니까 땅이름에서 풍기는 옛 기억을 백성들이 잊도록 하기 위함이었다. 통일 이전에 백제나 가야 등지에서 붙인 지명을 새롭게 고침으로써 백제나 가야, 고구려의 색깔을 지우려는 목적이었던 거다.

우리 옛 선조들은 땅이름에 그 고장의 생긴 모습이나 대표적인 토산물을 담아내려 했다. 지명에 자연물을 가리키는 말이 많이 들어갔다. 그러니 우리의 옛 땅이름 짓기는 무척 생태적일 수밖에 없었다. 이는 마치 북아메리카 원주민들의 이름 짓기 방식과 많이 닮았다.

북아메리카 원주민들은 새나 짐승을 비롯한 자연물을 사람 이름에까지 갖다붙이고는 했다. 시인 류시화가 엮은 그들의 연설문집 『나는 왜 너가 아니고 나인가』라는 책에는 여러 명의 원주민 추장들이 나온다. '열 마리 곰', '검은 매', '쳐다보는 말', '서 있는 곰', '앉은 소', '느린 거북', '붉은 구름', '구르는 천둥', '방랑하는 늑대', '붉은 새', '파란 독수리의 깃털', '미친 곰', '홀로 서 있는 늑대' 등 그 추장들의 이름은 하나같이 재밌다.

30여 년 전, 친구들끼리 영화 〈늑대와 춤을〉을 보고 나서는 등장인물들의 유머러스한 이름에 매료되어 다들 그 원주민식 별명을 하나씩 짓기도 했다. 영화에 나오는 '늑대와 춤을'이나 '주먹 쥐고 일어서'는 아직도 기억하는 이름이다.

야로면 야로리 이외에도 우리나라에는 철(鐵)이나 야(冶), 풀무(불매, 불미)라는 말이 들어간 지명이 많다. 야(冶)에는 쇠를 불리는 과정이라는 뜻도, 대장장이라는 의미도 있다. 풀무는 화로에 바람을 일으키는 도구다. 이러한 철, 야, 풀무 같은 말이 들어간 지명은 대부분 대장간과 관련이 깊다.

경남 통영시 산양읍 남평리에는 야소(冶所)골이라는 마을이 있다. 옛날부터 무기를 만들던 대장간이 있었다고 한다.

통영이 임진왜란의 중요 장소여서 그런지 야소골

과 임진왜란에 얽힌 대장간 이야기는 연극으로도 만들어졌다. 극단 벽수골의 〈쇠메소리〉라는 작품인데, 임진왜란 때 야소골을 배경으로 한다. 임진왜란이 터지고 대장장이들이 사는 야소골에 왜군이 들이닥친다. 왜군은 주민들의 목숨을 담보로 대장장이들에게 무기를 만들라고 협박한다. 왜군의 말을 들을 것인가, 거부할 것인가. 이 과정에서 야소골 대장장이들이 겪는 갈등을 그렸다. 〈쇠메소리〉는 2018년 제36회 경남연극제에 나가 단체 금상과 우수연기상 등을 수상하며 그 작품성과 연출력을 인정받기도 했다.

깊은 산간지역이 아닌 서울에도 대장간을 뜻하는 지명이 의외로 많다. 서울 중구의 '풀무재'. 서울 중구청에 따르면 풀무재는 한자로 야현(冶峴)이라 하고, 중구 묵정동에서 쌍림동을 거쳐 충무로 5가 충무초등학교 북쪽에 이르는 고개 이름이다. 대장고개라 부르기도 했다. 야현은 장충동 2가, 묵정동, 충무로 5가 일대의 옛 이름인 야현동의 유래이기도 하다.

풀무재 일대에는 조선 후기까지도 대장간들이 몰려 있었고, 일제강점기에도 무척 많았다고 한다. 서울 지하철 2호선 공사를 시작하기 전만 해도 이곳에 대장간이 수십 곳은 자리하고 있었는데, 1990년대 이후 도시화에 밀려 사라졌다고 한다.

서울에는 산간지방에나 있을 법한 '풀뭇골'이라는 지명도 있다. 숭례문에서 소의문 사이 성곽 바깥쪽이

풀뭇골이다. 한자로 야동(冶洞)이라 했는데 대장간 마을이란 의미다.

흔히들 반송방(盤松坊) 야동이라 하는데, 이곳이 바로 중국기행문 『열하일기』로 잘 알려진 조선 최고의 문장가 연암 박지원(1737~1805)이 태어난 곳이다. 연암은 할아버지 박필균(1685~1760)의 집에서 나고 자랐는데, 할아버지 집이 반송방 야동에 있었다. 반송방은 온갖 가게들이 즐비하고 각지의 사람들이 몰려 늘 붐비는 곳이었다.

연암은 자신이 양반 가문 출신이면서도 양반사회를 풍자하는 소설을 여럿 썼는데 당시 사회 분위기 속에서는 엄청난 파격이었다. 「양반전」이나 「호질(虎叱)」, 「광문전(廣文傳)」 등과 같이 양반과 일반 백성, 특히 하층민의 생활 저변과 그 심리까지 자세히 그릴 수 있었던 데에는 연암이 반송방 야동에서 어린 시절을 보낸 게 큰 역할을 하지 않았나 싶다.

연암이 4세 때 할아버지가 경기도관찰사로 부임했다. 할아버지가 근무하는 경기감영이 반송방에 있었다. 그 경기감영과 주변 모습을 그린 〈경기감영도〉가 12첩 병풍 작품으로 남아 있다. 이 그림으로 반송방 일대의 골목골목과 거리의 번화한 모습을 살필 수 있다.

미술사학자인 박정혜 한국학중앙연구원 교수가 펴낸 『조선시대 사가기록화, 옛 그림에 담긴 조선 양반가의 특별한 순간들』에 따르면 〈경기감영도〉는 1768년에서 1895년 사이에 그려졌다. 연암의 나이로 보면 할아버지 박필균이 경기도관찰사를 맡았을 때의 그림은 아니다. 30대 이후에 그려진 반송방의 모습이기는 하지만 그가 어릴 때와 큰 차이는 없었을 게다.

돋보기로 확대해서 봐야 하기는 해도, 〈경기감영도〉에는 일반 백성들의 일상이 그대로 묻어난다. 쌀이나 짚신, 빗자루 등을 파는 가게가 길가에 늘어서 있고, '만병회춘(萬病回春)'이나 '신설약국(新設藥局)'이라고 벽에 써 붙인 약방도 있다. 길거리에는 관찰사 행차를 지켜보려는 구경꾼들이 몰렸으며 땔감 장수, 지게꾼들의 모습도 눈에 띈다. 목판에 놓인 엿을 파는 아이들도 있다. 연암은 어릴 적부터 반송방 골목골목의 다양한 인간군상을 들여다보았을 게 분명하다. 어릴 때 보았던 연암의 이러한 기억이 풍자 소설의 모티프가 되었을 테다.

산간이 아닌 들판에서도 철은 생산되었는데, 이는 예부터 내려오는 지명을 통해서 확인할 수 있다. 대표적인 명칭이 '쇠판이'다. 이름이 참 독특하다. 요즘 인터넷 장소 찾기로도 쇠판이는 전국 각지에 걸쳐 나온다.

그중 특별히 다룰 만한 곳이 인천이다. 우리나라 1세대 미술평론가이면서 해방 후 최초의 공립박물관인 인천시립박물관장을 지낸 이경성(1919~2009) 선

생의 『인천고적
조사보고서』(배
성수 엮음)에 인
천 남동구 '쇠판
이' 지역을 대상
으로 고적(古蹟)
조사를 벌인 내
용이 담겨 있다.

이경성 선생
은 1949년 8월
2일 정기 휴무
일을 이용하여

1949년 인천시립박
물관이 작성한 「인천
고적조사보고서(仁川
古蹟調查報告書)」의
표지. 인천시립박물
관 제공.

관원들과 함께 인천 주안, 간석동, 구월동 방면의 고
적조사를 벌였다. 이날 조사 대상이 10곳이었는데,
'쇠판이 고전장(古戰場) 및 고분군(古墳群)'이 일곱번
째였다. 이경성 관장이 적시한 고전장과 고분군은 옛
날 백제군과 당나라군의 전투, 임진왜란 때 전투가 벌
어진 장소, 그리고 거기서 전사한 병사들의 무덤들이
라고 전해오는 곳이었다. 이 관장은 '쇠판이'이라 함은
조선시대부터 이곳에서 철을 채취한 데서 나온 명칭
이라고 밝혔다. 전쟁의 역사적 장소와 쇠판이가 겹쳐
있었던 거다.

이경성 관장의 얘기대로 쇠판이라는 지명은 쇠가
나오는 들판이라는 의미에서 지어진 것으로 보인다.

이 관장이 고적조사 대상으로 삼은 쇠판이 장소는 간석동이나 만수동 쪽이었는데, 지금 그 지역을 정확히 지목하기는 어렵다.

인천의 지명과 관련해 발품을 팔아가면서 옛이야기를 채록하고 정리한 향토사학자 이훈익(1916~2002) 선생은 1993년에 펴낸 『인천지명고(仁川地名考)』에서 인천 남동구 일대지역에 여러 곳의 쇠판이 지역이 있었다고 밝혔다.

『인천지명고』에 따르면, 인천 남동구 간석동에는 '풀무골말'이라는 동네가 있었다. 이곳에 대장간이 있어서 그렇게 불렀다고 한다. 그 간석동에는 또 '쇠판이들'이라는 지명도 있었다는데 이는 쇠를 파낸 들이라는 의미라고 했다. 간석동 이외에도 그 주변 지역으로 쇠판이와 같은 뜻의 지명이 여럿 보인다. 구월동 '쇠논터들', 수산동 '쇠판이들', 만수동 '쇠파니펄' 등을 소개했다. 이들 지명은 쇠가 나오는 곳이어서 그렇게 이름을 붙였다고 한다.

고려시대 대표적인 철산지 중 한 곳은 지금의 충청북도 충주 지역이었다. 그곳에 다인철소(多仁鐵所)라는 이름을 붙였다. 여기에서 얼마나 많은 양의 철이 생산되었는지는 고려시대 문인 최자(1188~1260)의 「삼도부(三都賦)」에 잘 나타나 있다.

『동문선』에 실린 「삼도부」를 보면, 고려의 대표적인 철산지를 소개하는 대목이 있다. 최자는 중원(지금의 충주)을 쇠의 명산지로 꼽고 있다. 이 지역에서는 다양한 종류의 쇠가 나오는데 돌을 안 캐내고도 골수처럼 나올 정도로 그 양이 많고, 대장장이는 여기서 나오는 쇠로 무기며 농기구, 그릇 등 못 만드는 게 없으며, 평시에는 그릇 같은 이기(利器)를, 전시에는 무기를 만들었음을 「삼도부」는 강조하고 있다.

실제로 다인철소 주민들은 여몽전쟁 때 최강의 몽골군을 격파한 것으로 유명하다. 다인철소에서 만든 강력한 무기들이 승리의 견인차가 되었을 거라고 판단할 수 있다.

우리가 잃어버린 땅, 발해의 그 드넓은 북쪽 강역에도 철과 관련한 지명이 많았다. 발해 관련 역사서가 많지 않아 아쉬운데 그나마 조선 후기 실학자 유득공(1748~1807)의 『발해고(渤海考)』가 있어 다행이다. 송기호 교수가 번역한 『발해고』가 2020년 개정판으로 새로 나와 별다른 어려움 없이 읽을 수 있다.

유득공이 우리와 중국의 옛 문헌을 토대로 작성한 『발해고』에서 밝히는 발해의 영토에는 철(鐵)이라는 글자가 들어가는 지명이 많다. '철리부(鐵利府)'나 '철주(鐵州)', '철산(鐵山)'이 대표적이다. 유득공은 '철주'를 소개하면서 "한나라 때의 안시현(安市縣)이었고, 고구려 때에는 안시성(安市城)이었다"고 기록했다.

『발해고』는 지역별 특산물도 간략하게 다루고 있는데, 위성(位城)이라는 지역에서는 철(鐵)이 난다고 했다. 이 위성은 고구려 때 안시성으로 불리던 철주에 속해 있었다. 발해의 철주라는 이름이 그 지역 특산물인 철 때문에 붙은 거다.

『발해고』는 '환주(桓州)'를 설명하는 대목에서 "고구려 왕 쇠(釗)가 모용황(慕容皝)에게 패하여 궁궐이 불에 타버린 곳이 이곳이다"라고 했다. 여기 나오는 쇠(釗)는 고구려 제16대 고국원왕을 가리킨다. 고국원왕은 외세에 시달리느라 이름처럼 강력하게 나라를 이끌지는 못했다. 그러나저러나 왕의 이름에 쇠를 붙인 게 특별하다. 우리는 예부터 쇠(釗)를 철(鐵)과 같은 의미로 썼다. 고구려는 철기의 나라답게 왕의 이름에도 쇠(釗)를 붙였다.

물에서 떨어진 섬이라고 해서 쇠붙이나 대장간이 들어간 지명이 없는 게 아니다. 강화도만 살펴보아도 제법 많은 지명이 대장간이나 철 생산과 관련되어 있다. 인천 강화군 선원면에는 '대장간 마을'이라는 동네 이름이 있다. 조선 제25대 임금 철종(재위 1849~1863)의 외가가 있는 곳이다. 예전에 대장간이 있었는데 그게 마을을 대표하는 이름이 되었다. 그 대장간은 수십 년 전에 문을 닫았는데 그 집안은 아직 동네를 지키고 있다. 2023년 8월 25일, 대장간 마을의 대장장이 아들이라고 하는 구완서씨를 만났다. 그는 1958년생이라고 했다. 할아버지와 아버지의 형제들이 대장간을 운영했다고 한다. 그가 사는 집은 할아버지와 아버지가 했던 대장간 터 바로 옆이었다. 대장간은 그가 어렸을 때 문을 닫았다고 한다. 대장간 마을의 행정구역상 명칭은 선원면 냉정2리다. 냉정2리의 또다른 이름은 수부촌(水鳧村)이다. 물오리 마을이라는 의미다. 아주 오래 전 강화도 해안 매립 이전에, 그러니까 이 동네까지 바닷물이 들어오던 때 마을의 형태가 물에 뜬 오리처럼 생겼다고 해서 그런 이름을 얻었다고 구완서씨는 설명했다. 강화도 선원면 대장간 마을 이름은 구완서씨 할아버지가 대장간을 시작한 이후에 붙은 별칭이었다. 대장간 마을은 강화 풍물시장이나 버스터미널 방면에서 대문고개를 넘어가면 금방이다.

인천 강화 선원면 대장간 마을 표지석. 철종 외가 표지판과 함께 서 있다.

강화군 양사면에는 '철산리(鐵山里)'가 있고, 그곳에는 또 철곶이나 철창이라 불리는 동네도 있다. 모두 쇠의 산지여서 그렇게 불린다고 한다. 강화군 길상면 온수리에는 '야촌(冶村)'이라는 이름의 마을도 있었다. 유명한 대장간이 있어서 그렇게 불렸다고 한다. 길정 저수지가 생기면서 수몰되는 바람에 마을이 통째로 이주하였다. 옮겼지만 지금도 야촌이라는 이름을 쓰고 있다. 강화군 양도면 인산리에는 '야곡(冶谷)'이라는 지명이 있다. 풀무골이라고도 불렸는데 물론 이곳도 대장간 때문에 붙은 이름이다. 강화군 내가면 구하리에는 '대장간골'이라는 마을이 있다. 동네 입구에 있던 대장간 때문에 붙은 지명이라고 한다. 강화군 하점면 신삼리에는 '쇳돌구뎅이'라는 골짜기 명칭도 있다. 이곳에서는 쇠가 나기는 했는데 그 품질이 썩 좋지 않아 화문석을 엮을 때 날을 감아매어 늘어뜨리는 고드랫돌로 썼다고 한다. 강화가 화문석의 유명 산지였으니 쇳돌구뎅이에서 난 쇠가 강화 화문석용 고드랫돌의 대부분을 차지했을 게다. 강화 교동면 인사리에는 대장간과 관련한 특이한 지명이 있다. '대쟁이 고랭이'라는 고개 이름이다. 그곳에 대장간이 있어서 붙은 이름이라고 하는데, 이 고장에서는 아마도 대장간을 '대쟁이'라고 했던 모양이다. 강화도에 이처럼 대장간 관련 지명이 많다는 것은 역사적으로 이곳이 대장간을 필요로 하는 일이 그만큼 많았다는 점

을 말해준다. 강화도는 고려시대 전시수도로서 대몽
항쟁의 근거지였고, 그후로도 계속해서 외적 방어의
요충지였다. 섬이라고는 하지만 땅이 워낙 넓어 농토
도, 인구도 많았다. 아주 오래 전부터 각종 철물이며
무기들을 많이 만들어야 했기 때문에 강화도에는 대
장간이 많았을 테고 관련 지명도 덩달아 생겨났던 게
아닌가 싶다.

　우리나라 곳곳에는 검단이나 불당 등의 말이 들어
간 지명이 많다. 이들 이름은 대개가 철의 산지이거나
대장간과 관련이 깊은 곳이다.

12.
대장간과
철학

우리 역사상 가장 위대한 사상가 두 명을 꼽으라면 누가 뽑힐까. 아마도 퇴계(退溪)와 율곡(栗谷)이 아닐까 싶다. 이들 둘을 흔히 '퇴율'이라고 묶어서 칭하기도 한다.

퇴계 이황(1501~1570)과 율곡 이이(1536~1584)는 이발(理發)이니 기발(氣發)이니, 사단(四端)이니 칠정(七情)이니 하는 무슨 말인지 알아듣기도 어려운 개념을 풀이하고, 그를 통해 우주의 이치를 논하는 성리학이라는 무척이나 어려운 철학을 했다. 그러나 우리는 아이러니하게도 그들을 늘 가까이 두고 있다.

요즘이야 현금을 지니고 다니는 이들이 많지 않기는 하지만 그래도 사람들은 누구나 지폐 한두 장쯤은 갖고 있게 마련이다. 집집마다 있는 그 지폐 도안에 퇴계와 율곡이 새겨져 있다. 천원권에는 퇴계가, 오천원권에는 율곡이 각각 그려져 있다. 여기에 만원권과 오만원권을 더해 우리나라에서 쓰는 지폐가 네 가지인데 모두 역사적으로 뛰어난 인물을 도안에 넣었다. 만원권은 세종대왕(1397~1450), 오만원권은 신사임당(1504~1551)이다. 지폐에 얼굴이 실린 넷 중에 둘이 사상가다. 전 세계에서 사상가를 지폐의 인물로 삼은 나라는 우리나라를 제외하고는 거의 없다. 마하트마 간디를 사상가로 친다면 인도 정도가 있을 뿐이다.

우리 국민의 지갑 깊숙이 파고든 퇴계와 율곡도 대장간과 관련이 깊다. 우리 사상계의 거목 퇴계와 율곡이 무슨 대장간과 관련이 있다는 말인가 싶을 테지만 퇴계는 대장장이를 제자로 맞아들여 키웠고, 율곡은

소수서원 강학당의 내부 모습. 보물 제 1403호.

대장간을 운영하며 살림을 꾸린 적도 있다. 둘 다 대단한 파격이 아닐 수 없다.

소수서원과 부석사 같은 세계문화유산을 둘이나 품고 있는 경북 영주에는 배점(裵店) 마을이 있다. 조선시대 배순(裵純)이라는 대장장이가 살던 동네다. 배순의 대장간(가게)이 있었다 하여 배점이라 했다고 한다. 대장장이 배순이 퇴계의 제자였다는 내용이 퇴계와 그의 학맥을 잇는 문인들의 기록인 『도산급문제현록(陶山及門諸賢錄)』에 있다.

배순이 대장장이였는데 그의 집이 소수서원 부근이어서 퇴계 선생이 서원에 와서 강학할 때마다 참석하여 뜰아래에서 절하고 꿇어앉아 강의를 들었다. 선생이 돌아가시자 심상(心喪)을 행하였다고 한다. 심상이란 상복을 입지는 않아도 상제와 같은 마음으로 근신하는 일을 일컫는다. 배순은 또 임금 선조가 세상을 떠 나라가 상을 당했을 때는 상복을 입고 고기를 먹지 않기를 3년간이나 했단다.

『퇴계선생연보보유(退溪先生年譜補遺)』에도 비슷한 내용이 실렸다. 배순이라는 사람이 대장장이였다. 선생이 풍기군수일 때 백운동서원(소수서원)에 여러 번 오갔는데 배순은 그때마다 뜰아래에서 뵈었다. 존앙하는 마음이 얼굴에 가득하니 선생이 칭찬하고 인도해주셨다. 선생이 군수를 그만두고 귀향하자 철상(鐵像)을 만들어 모셨다. 선생이 돌아가시자 삼년상을 지냈다는 얘기다.

배순의 인간적 면모와 그가 행한 퇴계 사후 삼년상, 선조 임금 때의 삼년상 이야기 등은 소수박물관이 학술총서 스물세번째로 국역한 『단곡선생문집(丹谷先生文集)』을 통해서 좀더 자세히 들여다볼 수 있다. 여기에 배순의 전기인 「배순전(裵純傳)」이 실렸다. 단곡은 임진왜란 때 의병을 모아 싸운 곽진(1568～1633)의 아호다.

퇴계가 실제로 대장장이를 자신의 제자로 받아들였는지에 대해서는 일부 이론이 있기는 하다. 하지만 퇴계의 연보나 제자들의 기록에 나와 있는 것처럼 배순이 퇴계와 깊은 관계였음은 사실로 보인다. 시골의 대장장이가 퇴계로부터 직접 가르침을 받지 않고서야 선생의 철상을 만들어 모신다든지, 임금이 승하했을 때 삼년상을 지낸다든지 하는 일이 가능했겠는가 싶다.

경북 영주시 순흥면 배점리. 이곳 배점마을 주민들은 아직도 해마다 배순을 위해 마을 제사를 지낸다. 동네 사람들은 배순을 배충신이라고 부르며, 배점마을에는 '충신 백성(忠臣百姓)' 배순의 정려비가 있다. 경상북도 유형문화재 제279호로 지정되어 있다.

안내문에는 "스승인 퇴계가 세상을 떠나자 철상(鐵像)을 만들어 스승을 기리며 삼년상을 치르는 등 제자의 예를 다하였다. 선조의 국상 때에는 70세가 넘는 고령에도 불구하고 삼년상을 치렀다고 한다"고 쓰여 있다.

2023년 4월 6일 찾아간 배순의 정려각에는 새끼줄이 빙 둘러 묶여 있었다. 앞면 양쪽 붉은 기둥에는 작은 소나무가 세워져 있었다. 지난 음력 정월에 동네 사람들이 제사를 지낼 때 설치했던 것이라고 했다. 부정을 막기 위해 금줄을 치고 소나무를 세우는 것은 마을에서 오래전부터 내려오는 방식이라고 주민들은

배순 정려각. 경상북도 유형문화재 제279호.

설명했다.

배순을 위한 마을의 공동 제사 책임을 맡은 김희석 (78) 할아버지는 "아주 옛날부터 동네에서 공동으로 지내오던 제사인데, 5~6년 전부터는 배씨 집안 종친회와 함께 지내고 있다"고 했다. 김 할아버지는 얘기 도중에 걱정거리 한 가지를 털어놓았다. 동네 젊은이들의 인식이 배순 마을 제사에 대하여 부정적이라는 거다. 제 부모 제사도 안 지내는 판인데 남의 제사를 언제까지 지내줘야 하느냐고 볼멘소리를 하는 젊은이들이 늘어나고 있다고 김 할아버지는 걱정했다.

배순 정려비는 원래 배점초등학교 쪽에 있었는데 마을 아래 저수지 쪽으로 옮겼다가 다시 지금의 자리로 이전했다고 한다. 마을 위쪽 산자락에 있는 배순의 묘소도 잘 정비되어 있었다.

퇴계가 대장장이 제자를 키웠다면, 율곡은 아예 대장간을 차려놓고 호미 같은 농기구를 만들어 팔았다고 한다. 율곡 이이의 삶과 학문 세계를 다룬 평전들은 대부분 백사(白沙) 이항복(李恒福, 1556~1618)의 『백사집』을 인용해 율곡이 대장간을 경영했던 일화를 빼놓지 않고 있다.

"율곡은 해주(海州)에 살 때 대장간을 차리고 호미를 만들어 팔아서 생활하였다. 의리상 마땅히 해야 할 것이라면 대인(大人)은 부끄러워하지 않고 실행하였다"는 내용이다. 율곡이 은퇴하여 처가인 해주에 머물 때 대장간을 했다는 얘기인데, 당시 율곡은 100여 명의 가족과 함께 살았으므로 생계 압박이 매우 컸을 게다. 어려운 살림을 헤쳐나가기 위해 농기구를 만들어 파는 수공업에 손을 댈 정도로 율곡은 서민적인 삶을 살았다고 평가하는 전문가들이 많다.

청렴하고 검소함은 율곡의 몸에 밴 철학이었다. 그가 세상을 떴을 때 집안에 재산이라고는 남아 있는 게 없어 장례비용조차 마련하지 못해 친구들이 조달했으며, 율곡의 가족이 셋방을 살게 되자 그의 제자들과 옛 친구들이 조그만 집을 마련해줄 정도였다고 한다.

율곡의 대장간 이야기는 후세의 양식 있는 선비들에게 커다란 본보기로 전해졌다. 『흠영(欽英)』이라는 일기로 유명한 유만주(兪晩柱, 1755~1788)는 일기(1783년 11월 18일)에서 "율곡 이이는 석담(石潭, 황해도 해주)에 거처하며 대장장이 일을 생계 밑천으로 삼았고, 모재(慕齋) 김안국(金安國)은 향촌에 거처할 적에 벼를 수확하는 일을 살피며 이삭 하나도 빠뜨리지 않았다. 옛날 현인들은 이런 일을 당연히 여기면서, 그런 일을 해도 아무 상관이 없다고 여겼음에 틀림이 없다. 그런 일을 하찮고 비루한 것이라 여기며 부끄럽고 천박한 것으로 받아들여 못하겠다고 하지 않은 것"이라고 썼다. 이 내용은 『일기를 쓰다 2 — 흠영 선집』(돌베개)을 통해 쉽게 읽을 수 있다.

유만주는 율곡이 대장간을 했다는 이야기를 이항복의 글을 통해 접했거나 전해오는 내용을 들어서 알았을 테다. 그는 일기에서, 양반일지라도 가족들의 생계를 위해서는 막일이라도 비루하게 여기지 말고 당당하게 해야 한다는 점을 율곡의 예를 표본으로 삼아 스스로 다짐하고 있다.

율곡의 학문과 덕행을 추모하기 위한 자운서원(紫雲書院)이 경기도 파주에 있다. 2023년 4월 14일 오

율곡 신도비. 경기도 파주 율곡 유적지에 있다. 백사 이항복이 글을 지었다고 한다.

후, 경기도 파주시 법원읍 '파주 이이 유적지'에는 인
근 율곡중학교 학생들이 현장학습을 나와 있었다. 학
생들은 율곡기념관이며 자운서원이며 율곡이 잠들어
있는 묘역이며, 율곡 관련 유적지 곳곳을 둘러보았다.
18세기 선비 유만주가 일기에 쓰면서까지 그토록 본
받고자 했던 율곡 정신을 21세기 중학생들도 배우고
있었다.

파주 이이 유적지에서 한 가지 특이한 점이 눈에
띄었다. 율곡 묘소 앞의 커다란 비와 유적지 입구 인
근에 세워져 있는 신도비에 깊게 팬 총탄 흔적이 유
난히 많은 거였다. 이곳이 한국전쟁 때 격전장이었다

고 하는데, 전쟁은 가치가 큰 유적이라고 해서 피해가지 않는다는 사실에 발걸음이 무거웠다.

중국에서는 대장간과 대장장이를 우주만물의 변화원리에 비유한 인물도 있었다. 김근 노원교육문화재단 이사장은 중국의 옛 명문장 52편을 뽑아 『중국을 만든 문장들』이라는 책을 2022년에 펴냈다. 여기에 가의(賈誼, 서기전 200~168)의 「복조부(鵩鳥賦)」라는 작품이 실렸다. 「복조부」는 올빼미와의 대화 형식을 빌려 자신의 심정을 묘사한 작품인데, 문학성이 무척 뛰어나다는 평가를 받는다.

그 「복조부」에서는 대장간의 화로를 천지(天地)에, 대장장이를 자연(自然)에, 숯을 음양(陰陽)에, 구리를 만물(萬物)에 비유했다. "저 하늘과 땅은 대장간의 화로요, 자연은 대장장이이고, 음양은 숯이요, 만물은 구리입니다. 기가 모이고 흩어져서 생장하고 소멸하는 일에 어찌 변치 않는 법칙이 있겠소이까?"라는 내용이다. 번역한 김근 이사장은 원문에 '조화(造化)'라고 되어 있는 부분을 '자연'으로 해석했다. 조화에는 자연이라는 뜻이 숨어 있기 때문이다.

「복조부」의 이 구절은 주역에서 말하는 '역(易)'의 개념을 구리나 쇠를 불에 달구어 새로운 연장으로 변화시키는 대장간 모습에 견주어 설명했다. 이는 '변화(變化)'라고 하는 말에 담긴 속뜻과도 맥이 닿는다. 대장간과 관련한 역대 비유 중 가장 철학적인 대목이라고 할 수 있다.

중국 도가사상의 한 축을 이루는 장자(莊子)도 우주 만물이 생겨나고 스러지는 것, 즉 생멸(生滅)을 '자연 현상'으로 설명하면서 대장장이를 끌어들이고 있다. 『장자(莊子)』「내편(內篇)」 '제6편 대종사(大宗師)' 이야기 속에 세상 만물을 만드는 조화자(造化者)를 대장장이에 비유하는 대목이 나온다. 장자가 여기서 말하는 대장장이(冶)는 그냥 대장장이가 아니라 '위대한 대장장이(大冶)'다. 장자는 인간이면 겪어야 하는 생로병사(生老病死)를 자연스러운 변화 현상으로 바라보면서 천지(天地)를 대장장이가 쇠붙이를 녹일 수 있도록 하는 용광로에 빗대어 설명한다. 장자는 대장장이가 쇠붙이를 녹여 각종 물건을 만들어내는 대장간에서 천지 만물의 변화 원리를 찾아낸 거다.

장자가 대장장이에 빗대어 자연의 변화를 설명한 핵심은 위에서 살펴본 가의가 지은 「복조부」의 그것과도 맥이 통한다고 할 수 있다. 장자는 전국(戰國) 시기인 서기전 300년 이전의 인물이기 때문에 그 뒤에 나온 「복조부」의 내용 또한 얼마간은 장자의 철학에 기대어 있다고 볼 수도 있다.

이익(1681~1763)의 『성호사설(星湖僿說)』에도 대장간 이야기가 있다. 동양철학의 최고봉으로 불리는 『주역』의 '야용(冶容)' 풀이를 빌려서, 여성들이 얼굴을 단장하는 것을 대장간의 야(冶)의 개념으로 설명했다.

그 일부를 보면, "노는 여자가 꾸미기를 좋아하여 분 바르고 연지 찍고 입술에 붉은 칠을 하고 눈썹을 그리기도 해서 얼굴을 곱게 단장하고 몸매를 날씬하게 한 다음, 웃음을 예쁘게 웃고 말도 애교 있게 하면 능히 모모(嫫母)를 바꿔 서시(西施)로 만들 수도 있고 못난 모습을 바꿔서 잘생긴 것처럼 만들 수도 있는 까닭에 야(冶)라는 것으로 일컫게 되었다"라고 썼다.

여기에서 모모는 못생긴 여자의 대명사이고 서시는 예쁜 여자의 별칭이다. 얼굴은 물론이고 체형까지 바꾸는 성형수술이 흔한 요즘 세상에서는 적절한 비유가 아니라고 할 수 있다. 그렇지만 변화의 개념을 설명하는 데 대장간이 중요 기재로 쓰인 점은 분명하다.

대장장이를 일컫는 야(冶)라는 말은 여러 역사적 인물의 아호(雅號)에도 담겨 그 주인공의 철학적 지향점을 드러내기도 했다. 우리가 잘 아는 인물로는 고려 말 삼은(三隱) 중의 한 명인 야은(冶隱) 길재(吉再, 1353~1419)와 항일 독립군 장군 백야(白冶) 김좌진(金佐鎭, 1889~1930)이 있다.

중국에는 야(冶)라는 글자가 들어간 성씨도 있다. 대표적인 게 공야(公冶)다. 공야씨 중에 유명한 철학자가 있으니 공야장(公冶長)이다. 춘추시대 제나라 사람인 공야장은 공자(孔子)의 제자이면서 사위다. 공야장은 새들의 지저귐을 듣고 그 내용을 알아들었다는 신비한 이야기를 간직하고 있는 인물이기도 하다. 공자의 철학이 잘 녹아 있는 『논어』에는 모두 스무 편이 있는데, 그중 다섯번째가 공야장 편이다.

어지러운 세상을 등지고 숨어 지낸 은자(隱者)들이 먹고살려고 한 일 중에는 대장장이 일도 있었다. 이는 조선 말기에 활동한 중인 출신의 문인 이경민(1814~1883)이 펴낸 『희조일사(熙朝軼事)』에서 찾을 수 있다. 이 책에는 우리가 쉽게 접할 수 없던 기층민들의 이야기를 담고 있다. 이 책의 역주본이 『희조일사: 조선의 역사를 빛낸 범상한 사람들의 비범한 이야기』(서해문집)라는 제목으로 나와 있다.

여기 수록된 85명 중 첫번째가 시은(市隱) 한순계(韓舜繼)인데 그가 바로 숨어살면서 대장장이 일을 했다. 한순계는 선조 임금 때 사람이다. 지극한 효자였는데, 개성에 살면서 어머니에게 맛있는 음식을 대접하기 위해 화로와 풀무, 거푸집 등을 갖추고 동기(銅器)를 만들어 팔았다. 어머니가 돌아가시자 그는 장비들을 모두 내다버리고는 시장에 나가지 않았다고 한다. 동기를 만들어 판 것은 전적으로 어머니를 봉양하기 위함이었던 거다. 그는 화담(花潭) 서경덕(徐敬德, 1489~1546)이나 율곡 이이 등과도 교유했다고 한다.

그의 죽음에 얽힌 일화가 재미있다. 그는 59세에 세상을 떴는데, 눈을 감기 전에 집안사람들에게 날짜를 알리고는 목욕을 한 뒤 바르게 앉아서 숨을 거뒀다고 한다. 붉은 기운이 방안에 가득했는데 사흘 후에나 사라졌다고 한다.

중국의 은자 중에서는 죽림칠현(竹林七賢)이 가장 유명한데, 그 일곱 은자 중 혜강(嵇康, 223~262)이 숨어사는 대장장이였다고 전해온다. 죽림칠현의 영수로 불리는 그는 삼국시대의 영웅 조조(155~220)의 손녀와 결혼하였으나 정치에는 관여하지 않고 초야에 묻혀 쇠를 두드리는 대장간 일을 했다고 한다.

화로에 달군 쇠를 불려 새로운 연장을 만드는 대장간 일은 온도 변화에 대단히 민감하게 대처해야 한다. 달궈진 쇠를 물에 식히는 야키(やき) 작업도 온도와 강도 변화를 위한 핵심 과정이다. 불〔火〕과 물〔水〕이 갖는 오묘한 철학적 가치가 대장간에서 구현된다. 이러한 대장간 일을 유심히 살펴본 사상가들은 대장간이 아주 귀한 철학적 공간임을 알고 있었다.

한자 연구자들에 따르면 야(冶)라는 글자는 음식이 부풀어 오르는 모습을 표현하고 있다. 또한 대장간에서 화로에 바람을 일으키는 풀무를 일컫기도 하고, 쇠를 불리는 과정을 말하기도 하고, 단련한다는 의미도 있다. 아기 탄생의 모습이라고 해석하는 전문가도 있다. 대장간은 그 글자부터가 동양철학의 중요 개념 중 하나인 변화〔易〕를 이야기하고 있다.

13.
백범 김구와
대장간

1949년 6월 26일 백범 김구 선생이 안두희의 흉탄에 서거했다. 그가 거처하던 사저이자 피격 현장인 경교장(京橋莊)에 빈소가 마련되었다. 온 국민이 슬픔에 잠겼다. 당시 신문 기사에 그 애도 열기가 고스란히 담겼다.

경교장을 찾은 조문객이 열흘 동안 124만 명이었다고 《자유신문》 1949년 7월 6일 자는 보도했다. 당시 서울 인구가 140만 명이었다고 하니 얼마나 많은 인파가 백범이 누워 있는 현장으로 찾아왔는지 가늠이된다. 부산 완월동의 공생보육원에서는 원아 100여 명이 아침 조회시간과 저녁 취침시간마다 '선생님의 숭고한 길을 따르겠다'고 맹세하는 애도의 시간을 갖는다고 《자유민보》 1949년 7월 1일 자는 전했다. 유명 음식점이나 요정들도 자진 휴업했다. 인천 부평에서는 단식하는 사람도 있었다. 전국 각지에 분향소가 마련되었다.

5일간이나 걸어서 빈소까지 찾아와 조문한 젊은이도 있었다.《경향신문》1949년 7월 4일 자를 보면, 충남 서천군 기산면에 사는 한 청년이 비보를 듣고 닷새를 걸어서 7월 1일 오후 경교장에 도착했다. 그는 영전에서 통곡하고 경교장을 네 번 돌고 다시 통곡한 뒤 가져온 돈 100원을 영전에 바쳤다. 그는 솔잎을 먹어가면서 왔다고 했다. 경교장측에서는 이 젊은이의

서울 남산의 백범 동상.

행동에 감격해 여비로 1000원을 주어 돌려보냈다고
한다.

국민들은 너나없이 백범의 타계를 가슴 아프게 생
각했다. 분단된 영토와 갈가리 찢긴 여론을 하나로 모
아 잘사는 나라로 만들어줄 구국의 영웅으로 백범을
바라보았기 때문이다. 물론 이 점이 그의 목숨을 앗
아간 이유이기도 하다.

백범을 백범일 수 있도록 한 가장 중요한 계기는
무엇일까. 온갖 고초를 겪으면서도 끝내 굽히지 않고
임시정부의 숨통을 지켜낸 중국에서의 독립운동을
빼놓을 수 없겠지만 그보다도 더 근본적인 순간은 인
천 감옥에서의 탈옥이라고 할 수 있다.

백범은 1896년 3월 스물한 살 나이에 황해도 치하
포에서 일본인 쓰치다 조스케(土田讓亮)를 죽였다. 일
본인들이 저지른 명성황후 시해 사건의 앙갚음 차원
이었다. 이 때문에 백범은 외국인 관련 사건을 담당하
던 인천감리서 감옥에서 옥살이했다. 백범은 인천감
리서 모습을 자서전에서 자세히 묘사했다.

감옥은 인천 내리(內里)에 있었다. 그 내리 언덕에
감리서가 있고, 그 왼편에 경무청이 있고, 오른편에는
순검청이 있었다. 감옥은 그 순검청 앞에 있었다. 감
옥 앞에는 노상을 통제하는 2층으로 된 문루가 있었
다. 감옥 주위는 담장을 높이 쌓았고, 담 안쪽에는 평
옥(平屋) 몇 칸이 있었다. 그 방들은 반으로 나누어서

한쪽에는 미결수와 강도·절도·살인 등의 죄인을 가두었고, 나머지 반쪽에는 민사소송범과 경범위반(違警犯) 등 이른바 잡범(雜囚)을 수용했다.

한여름의 감옥은 무척 덥고 불결했다. 백범은 장티푸스에 걸려 고생했다. 얼마나 고통스러웠던지 극단적 선택을 하기도 했다. 동료 죄수들의 도움으로 살아난 백범은 재판 과정에서 법정에 나와 있던 일본인 와타나베(渡邊)를 통렬히 꾸짖는 발언 등으로 감리서 내부뿐만 아니라 인천 전역의 스타로 떠올랐다. 그러나 사형수 신분을 피할 수는 없었다.

옥중에서 백범은 신서적을 읽으며 세계 역사와 지리 등을 공부했고, 죄수들을 가르치기도 했다. 사형집행일에 백범의 교수형이 전격 연기되었다. 이 틈에 구명운동이 일었다. 특히 강화도에 사는 김주경이라는 이는 자신의 온 재산을 써가면서 백범의 석방을 위해 애썼으나 소용이 없었다. 옥문을 걸어서 나가기 어렵겠다고 판단한 김주경은 백범에게 편지를 보냈다. 조롱을 박차고 나가야 좋은 새이며, 그물을 떨치고 나가야 예사로운 물고기가 아니며, 충은 효에서 비롯되니 부모를 생각해서라도 탈옥하라는 취지였다. 백범은 고심 끝에 파옥(破獄)을 하기로 마음을 고쳐먹었다.

탈옥을 위해 백범이 준비한 결정적 도구가 있었다. 창과 방패라고 할 때의 그 창(槍)이었다. 백범은 면회 온 부친에게 "대장장이에게 한 자 길이 삼릉창(三

송종화 장인이 만든 삼릉창. 백범이 인천 감옥 탈출 도구로 썼다는 그 삼릉창의 모습을 재현하기 위해 특별히 부탁해 제작했다.

稜槍) 하나를 만들어 달라고 해서 새 옷 속에 숨겨 들여달라"고 부탁했다. 얼마 뒤 부친이 몰래 넣어준 이 삼릉창을 이용해 감옥 마루 밑으로 들어가, 땅에 깔아놓은 벽돌을 들추어내고 흙을 파내서 밖으로 나갈 공간을 확보했다. "누구든지 내 갈 길을 방해하는 자가 있으면 결딴을 내버릴 마음으로 쇠창을 손에 들었다"는 백범의 얘기처럼 삼릉창은 중요한 탈출 도구였다.

1898년 3월, 기적적으로 탈옥에 성공한 백범은 충남, 전북, 전남 등지를 다니면서 그 지역의 풍물과 민심을 살폈다. 백범은 그 뒤로 교육운동에 투신했다가 105인 사건으로 다시 체포되어 인천 감옥에서 또 옥살이했다. 백범은 자신이 두 차례나 감옥 생활을 했던 인천을 일컬어 '의미심장한 역사지대'라고 했다.

백범이 인천 감리서에서 첫 재판을 받을 때 인천에 살던 일본인들은 인천 감리서 내부의 인력 상황까지도 상세히 파악하고 있었다. 일제강점기인 1933년 인천부(仁川府)가 중심이 되어 『인천부사(仁川府史)』를 펴냈다. 이 『인천부사』에 백범이 감옥을 탈출하던 바

로 그해인 1898년에 일본인들이 조사한 내용을 바탕
으로 감리서 내에 '한국경찰서 및 감옥'이 있었다고 기
술하고 있다. 그러면서 경무관(警務官) 1명, 총순(總巡)
2명, 순검(巡檢) 60명으로 조직되어 있다고 기록했다.

백범이 교육운동에 뛰어들고 독립운동에 매진함으
로써 민족 지도자의 길을 걸을 수 있었던 데는 인천
감옥 탈출이라는 요인이 있었다. 그렇지 않았다면 인
천 감옥에서 교수형 신세를 면할 수 없었을 테다. 백
범이 탈출 도구로 쓴 삼릉창을 어느 대장장이가 만들
었는지 알 길이 없지만, 인천 감리서에서 그다지 멀지
않은 대장간에서 만든 것만은 분명하다.

인천 감리서 부근에서 살았던 의학박사 신태범
(1912~2001)은 『인천 한 세기』에서 1920년대 인천의
대장간 풍경을 간략히 언급했다. 이 글이나마 있어 개
항기 인천의 대장간 상황을 떠올릴 수 있다.

당시 쇠붙이를 다루는 곳은 대장간뿐이었다. 해방 후
까지 애관(愛舘) 아래 최씨 대장간은 오랫동안 많은
사람의 눈에 띄었을 뿐 아니라 도끼, 칼, 호미, 낫 등
솜씨로도 유명했다. 변두리에도 몇 집이 있었는데 대
장간 앞에 황소를 묶어놓고 편자를 박던 광경은 어린
이들의 한 구경거리이기도 했다.

신태범 박사의 회고가 백범이 탈옥할 때로부터 불

과 20여 년 뒤의 상황이다. 그러니 애관 아래 최씨 대장간에서 백범의 삼릉창을 만들었을 수도 있고, 아니면 변두리 대장간 몇 곳 중에서 제작했을 수도 있다. 신 박사는 또 어린 시절을 보낸 감리서 주변의 풍경을 설명하면서 감리서 감옥은 1909년 한성감옥(漢城監獄) 인천분감(仁川分監)으로, 1912년 서대문감옥(西大門監獄) 인천분감으로 이름을 바꾸었다가 1920년대 초에 폐쇄되었다고 했다.

1930년대 인천의 대장간 현황을 알 수 있는 자료도 있다. 양준호 인천대 교수가 당시 인천상공인명록(仁川商工人名錄) 등을 토대로 펴낸 『식민지기 인천의 기업 및 기업가: 데이터베이스의 구축』이라는 책에 따르면 인천에서 세금을 내는 대장간은 총 9곳 있었다. 이때는 인천이라고 해봐야 지금의 인천 중구, 동구 지역이 주 무대였다. 경영주는 일본인이 5명, 한국인이 4명이었다. 영업세액 기준으로 세금을 가장 많이 낸 곳은 인천 외리(外里) 238번지의 최경운(崔景雲)씨가 운영하던 대장간이었다. 주소만 놓고 보면, 신태범 박사가 언급한 애관 아래 최씨 대장간일 가능성이 크다. 두번째도 한국인이었다. 그다음 3~5번째는 일본인들이 차지했다.

백범 탈옥을 가능케 한 삼릉창은 도대체 어떻게 생겼을까. 우리나라 각종 군사 유물을 다루는 육군박물관에 문의했으나 삼릉창의 실물이 없다고 했다. 이름대로라면 모서리가 셋인 창이다. 1813년 훈련도감(訓練都監)에서 간행한 군사기술에 관한 책 『융원필비(戎垣必備)』에 삼릉창의 모습이 보이기는 한다. 이를 통해 삼릉창의 모습을 대강이나마 짐작할 수 있다.

창이라는 무기가 단순한 것 같지만 그렇지가 않다. 창을 구분하는 이름부터가 여럿이다. 우리가 흔히 쓰는 모순(矛盾)이라는 말의 모(矛)는 세모진 창을 얘기한다. 극(戟)은 끝이 갈라진 창을 일컫는다. 여기에 갈고리 모양의 과(戈)도 있고, 우리가 보통 쓰는 창(槍)도 있다. 구(𢧵)라는 글자 역시 모(矛)처럼 세모창을 가리킨다. 연암 박지원(1737~1805)의 소설 「호질」에서 범이 북곽 선생을 꾸짖을 때 거명한 것처럼 쥘 창, 날 없는 창, 한 길 여덟 자 창, 뾰족 창 등 창을 나타내는 말은 참으로 많다.

조선 초기 정도전(1342~1398)은 태조에게 『조선경국전(朝鮮經國典)』을 지어 바쳤는데, 이 책 「병기(兵器)」 항목에서 "우리나라에서는 군기감(軍器監)을 설치하여 활, 칼, 갈래진 창, 세모진 창, 갑옷, 투구, 화약 등을 만들고 깃발, 북, 징 따위도 빠짐없이 갖추고 있다"고 했다. 여기 나오는 갈래진 창은 과(戈), 세모진 창은 모(矛)라고 썼다.

세모창을 일컫는 구와 모를 하나로 묶어서 쓰기도 했는데 그 표현이 동양의 최고(最古) 시집 『시경(詩經)』에 나온다. 『시경』 「소융(小戎)」편에 '구모옥대(𢧵矛鋈

錞)’라는 표현이 있다. 고전 연구자 신동준은 이를 ‘세모창은 흰 쇠 물미를 대네’로 해석했다. 구와 모를 한 단어로 본 거다.『시경』에 실린 걸 보면, 고대 중국에서는 군인들이 손에 쥔 채 어깨에 받쳐 세우고 행진하는 세모진 창을 일반적으로 구모(彴矛)라 칭했음을 알 수 있다. 중국『무비지(武備志)』에 실린 무기들을 그대로 소개한『융원필비』에 구모라는 명칭이 따로 없는 것을 보면 삼릉창은 오래전부터 군인들이 쓰던 구모창과 그 모양이 비슷하지 않았을까 싶다.

백범의 부친에게서 삼릉창을 만들어달라는 주문을 받고 그 창을 만든 인천의 대장장이가 무엇을 표본으로 해서 만들었는지도 궁금하다. 백범의 말만 듣고서 부친과 대장장이가 그 생김새를 대번에 알 수 있었다면 당시까지만 해도 삼릉창이라는 말이 널리 알려져 있었다는 얘기다.

백범이 주문했던 ‘한 자 길이 삼릉창’을 요즘 대장간에서는 만들 수 없는 걸까. 인천 인일철공소의 최고령 대장장이 송종화 장인에게『융원필비』속의 삼릉창 그림을 보이면서 제작을 부탁했다. 송 장인은 삼릉창이라는 말을 처음 듣는다고 했다. 백범이 삼릉창을 사용했던 방식처럼 벽돌을 들추고, 땅을 파낼 수 있어야 하며, 세모진 창이어야 한다고 설명했다. 며칠 뒤 송 장인은 길쭉하면서도 세모진 창을 만들어 보여주었다.

2023년은 백범이 인천 감옥을 탈출한 지 125년, 총격 테러로 세상을 뜬 지 74년이 된다. 여전히 그는 국민적 영웅임에 틀림이 없다. 서울이나 인천에도 백범을 기리는 장소가 여럿 있다. 서울 남산에 그의 동상이 자리한 백범광장이 있다. '의미심장한 역사지대' 인천에는 백범과 그 모친 곽낙원(1859~1939) 여사의 동상이 남동구 인천대공원과 중구 옛 감리서 부근에 각각 세워져 있다. 2023년 4월 21일, 백범 동상을 찾아서 서울 남산과 인천대공원, 옛 인천 감리서 일대를 둘러보았다.

오후 2시가 지나자 조용하던 남산 백범광장 잔디밭은 어린 학생들의 차지가 되었다. 나들이 나온 어른

인천대공원의 백범 동상(왼쪽)과 어머니 곽낙원 여사 동상. 누군가 곽낙원 여사 동상에 참배하고 있다.

들은 햇빛을 피해 나무 밑으로 옮겨갔지만, 아이들은 따가운 햇볕을 개의치 않고 잔디밭을 뛰어다녔다. 초등학교 4학년 학생들이 백범광장으로 현장체험학습을 나온 거였다. 아이들은 백범에는 전혀 관심이 없어 보였고 그저 친구들과 노는 데만 열중했다.

남산의 백범 동상은 1969년에 세워졌다. 그런데 작가가 대표적 친일 조각가로 꼽히는 김경승(1915~1992)이다. 백범이 서거했을 당시 신문 기사에 따르면, 백범은 평소 상사(喪事)에서도 영전에 바치는 화환이 왜색(倭色)이라 하여 싫어했던 까닭에 그의 빈소에는 화환이 아니라 생화 화분만 받았다고 한다. 그런 그의 동상 제작을 친일 조각가가 맡았다는 사실에 어안이 벙벙할 뿐이다. 우리 현대사는 이처럼 굴곡지고 배배 꼬여 있다.

인천대공원의 백범광장은 무척 특별한 공간이다. 백범의 모친 곽낙원 여사의 동상이 아들 동상과 나란히 서 있기 때문이다. 곽낙원 여사 동상은 백범 타계 직후인 1949년 8월에 완성되었다. 백범이 숨을 거두었을 때 데스마스크를 뜬 조각가 박승구(1919~1995)의 작품이다. 백범은 피격 직전까지도 어머니 동상의 제작 과정을 세밀히 감독해왔다. 얼굴이며 체형이며 복장이며, 심지어 신고 있는 짚신의 모양새까지 백범이 이야기한 대로였다. 백범은 어머니 동상이 자신을 옥바라지할 때의 그 모습과 똑같아야 한다고 생각했다. 백범은 그토록 바라던 어머니 동상이 완성된 모습을 미처 보지 못하고 세상을 떴다.

《조선일보》는 1949년 7월 5일에 거행된 백범 장례식 하루 뒤인 6일의 경교장 안팎의 애절한 모습을 보도했다. 그 기사에 모친 동상 얘기도 있다.

혼란과 비통 속에서 아무의 시선도 끌지 못했던 미완성 석고상(石膏像)이 쓸쓸한 방안에서 전에 없이 눈에 뜨이고 있으니, 이것은 선생의 자당의 입상(立像)으로 효성이 지극한 선생은 이것의 완성을 하루같이 기대하셨다는데, 앞으로 일주일 이내면 완성하리라는 것을 보시지도 못한 채 흰 보에 쌓여 형언하기 어려운 비수에 쌓인 어머니의 상을 남겨두고 돌아가신 것이라고 한다.

인천대공원에 선 곽낙원 여사 동상은 짚신을 신고 있다. 짚신 신은 아주 특별한 어머니 동상은 『백범일지』와 연결해 바라보아야 한다. 『백범일지』에 따르면, 백범이 인천 감옥에 갇혀 있을 당시에는 수감자들에게 감옥측에서 식사를 때에 맞추어 제공하는 게 아니었다. 수감자들이 감옥 안에서 짚신을 삼으면 간수들이 인솔하고 길거리에 나가서 짚신을 팔아다가 죽을 쑤어 먹든지 하는 식이었다고 백범은 밝혔다. 수감자들이 스스로 짚신을 삼아 팔아서 끼니를 해결하는

곽낙원 여사 동상
의 짚신 신은 모습.
기단 오른쪽 아래에
'1949. 8'이라는 제
작 시기를 나타내는
숫자와 한자로 '朴'이
라 쓰고 동그라미를
그린 박승구(朴勝龜)
조각가의 사인이 표
시돼 있다.

식이었다는 얘기다.

이 때문에 감방마다 짚신 삼는 도구들을 갖춰놓
고 있었다. 백범의 교수형이 연기되었다는 소식을 듣
고 감방 동료들이 너무나 좋아한 나머지 "신골방망이
로 차꼬 등을 두들기며 온갖 노래를 다 불렀다"고 백
범은 회상했다. 이 신골방망이는 짚신을 만들 때 모양
을 잡기 위해 두드리는 도구다.

곽낙원 여사는 아들이 갇힌 감옥 가까이에서 식모
살이를 하면서 옥바라지를 했다. 그러니 곽 여사가 신
은 짚신은 그 감옥의 수감자들이 삼은 것이었을 가능
성이 매우 크다. 어머니는 백범이나 그 동료들이 만든

짚신을 사서 신으며 아들을 또 생각했을 게다.

백범이 옥살이하고 수감자들이 짚신을 팔던 감리서 부근에도 몇 년 전 인천 중구청이 나서서 백범과 모친의 조각상을 세웠다. 신포시장 입구 로터리에 백범 동상이, 감옥 터에서 자유공원으로 올라가는 계단에 백범과 어머니 조각상이 각각 서 있다. 이 동상들은 높다란 기단 위에 세운 게 아니라 시민들의 눈높이에 맞추어 친근감 있게 제작했다는 특징이 있다.

14.
대장간의
도구들

2023년 5월 13일 오후 2시. 토요일 오후인데도 인천 송종화 장인의 인일철공소는 무척 바빴다. 장인 혼자서 굵고 커다란 집게를 제작하고 있었다. 배에서 무거운 물건을 들어옮길 때 쓰는 집게라고 했다. 집게 주문은 전남 목포에서 왔다. 새로 만들어달라는 것과 짧은 걸 길게 해달라는 두 가지 주문이었다. 월요일에는 택배로 부쳐주어야 한다. 새로 만든 10여 개는 벌써 한쪽에 쌓여 있었다. 짧아진 것을 이어붙여 제 길이에 맞게 수리하는 작업이 한창 진행중이었다. 일은 화로와 모루를 오가며 이루어졌다. 화로와 모루는 가까이 붙어 있고, 그 사이에 송 장인이 있었다. 이쪽으로 몸을 틀면 화로이고, 저쪽으로 돌리면 모루였다. 이 작업에 망치 모양의 도구들이 세 개나 쓰였다. 중간중간 전기용접 작업도 해야 했다. 그만큼 일은 까다롭고 더뎠다.

대장장이와 도구, 그리고 쇠. 대장간의 3요소라고 할 수 있다. 대장장이가 있어야 쇠를 달구고 두들겨 뭔가를 만들 수가 있다. 원자재인 철물이 없어도 대장간은 돌아가지 않는다. 기술을 가진 대장장이나 원재료인 쇠만 있다고 되는 일도 아니다. 화로, 모루, 망치, 집게 같은 필수 도구가 있어야만 한다. 기본적인 것 말고도 대장간의 도구와 장비는 참으로 다양하다.

우선 단야로(鍛冶爐)라고도 하는 화로가 있다. 화덕이라 부르기도 한다. 화로가 불이 치솟고 쇠가 달궈지는 불길이 이는 곳에 집중해서 쓰는 말이라면, 화덕은 바람이 들고 나가는 데서부터 받침대와 바깥벽, 기둥까지 전체적인 구조물을 일컫는다고 할 수 있다. 화로냐 화덕이냐는 약간의 어감 차이가 있을 수는 있지만 대장간에서는 다 같은 거라고 해두자.

화로는 대개 대장간마다 하나씩 있게 마련인데, 작업 공간이 널찍한 경우 두 개를 설치해 쓰는 곳도 있다. 인천 중구 도원동의 인해대장간은 큰 것과 작은 것, 이렇게 두 개의 노를 사용한다. 일감의 크기에 따라 둘 중 어느 것을 쓸지 결정하게 된다.

대장간 일은 쇠를 불에 달구는 작업이 우선이다. 주문받은 물건에 맞도록 자르거나 잇는 선행 작업이 있기는 하지만, 대장간 일은 화로에 불을 붙이고 쇠붙이를 달구는 공정이 가장 기초적인 일이다. 그래서 예전 대장간에 들어가 처음 배우는 일이 화로에 바람을 일으키는 풀무질이었다.

화로의 형태는 대장간마다 다르다. 벽돌로 만들어
쓰기도 하고, 철제로 하기도 한다. 외형은 벽돌이나 철
제로 꾸미고 화로 부분만 흙을 이겨서 만든다. 예전에
는 이동형도 있었는데, 지금은 쓰는 곳이 거의 없다.
송종화 장인은 진흙을 이겨서 노를 만든다. 가끔 새
로 만들어야 하는 번거로움이 있지만 이게 익숙하다.
소설가 김훈의 『남한산성』에서 주요 인물로 그려지는
대장장이 서날쇠도 진흙을 이겨서 화로를 만든다.

송종화 장인이 사용
하는 모루. 모루 위에
망치가 놓여 있다.

화로에는 풀무가 따라붙게 되어 있다. 바람이 없으
면 화로에 불길을 일으킬 수 없기 때문이다. 풀무는

　대장간 이야기

손잡이를 밀고 당기면서 바람을 내는 손풀무와 발로 밟아서 바람을 일으키는 발풀무가 있다. 요즘에는 손으로도, 발로도 하지 않고 전기가 그 역할을 대신한다. 그래서 대장간 화로마다 전기 모터로 바람을 내는 송풍기가 달려 있다.

모루는 대장간의 한가운데를 차지한다. 거의 모든 대장간이 마찬가지다. 모루는 달구어진 쇠를 올려놓고 두들겨 모양을 잡도록 하는 도구다. 커다란 쇳덩이를 각각의 대장장이에게 맞게 세워놓았다. 형태는 둥그런 원통형이거나 네모난 전통 모루가 있고, 뾰족한 원통형 뿔이 달린 양모루가 있다. 전통 모루는 조선 모루라고도 한다. 이는 옛날 옛적부터 내려오는 우리 전통 양식이다. 모루는 쇠붙이를 다루기 전부터 쓰였다. 석기를 만들 때부터 사용했다고 한다. 물론 쇠를 만들지 못하던 그때는 단단한 받침돌이었다. 양모루는 서양에서 건너온 거다. 양모루는 앞쪽에 있는 뿔 말고도 뒤쪽 평평한 곳에 구멍이 뚫려 있어 이곳에 각종 도구를 꽂아서 쇠의 모양을 다양하게 구부릴 수 있다. 전통 모루는 쇠를 늘리는 데 효과적이라고 하는데, 편리함에서 양모루를 따를 수 없다. 요즘 전통 모루를 쓰는 대장간은 찾아보기 어렵다.

전통 모루와 양모루를 구분하지 못해 숙맥처럼 우습게 된 곳이 있다. 경기도 구리시에서 조성한 아차산 아래 고구려 대장간 마을에 가면 영화 세트장으로 쓰던 야외 전시장이 있다. 그 중심 장소에 물레방아 돌아가던 대장간이라면서 재현해놓았다. 누가 보아도 고구려식 대장간이어야 할 테다. 그런데 그 대장간 안에 서양식 모루가 떡하니 놓여 있다. '악마는 디테일에 있다'는 말처럼, 고구려를 배경으로 하는 세트장을 꾸미면서 비록 모루가 사소한 것이기는 해도 전통 방식의 원통형 쇳덩이나 네모난 쇠 받침을 가져다놓았으면 어땠을까 하는 아쉬움이 진하게 남는 장면이다.

다시 대장간의 도구들로 돌아가자. 모루 바로 옆에 화로만 있는 것이 아니다. 화로에서 벌겋게 달궈진 쇠를 모루 위에 올려놓고 두들겨서 모양을 잡았다면 이를 물에 넣어 담금질하는 물통이나 기름통이 있어야 한다. 대장간 안에는 그래서 꼭 수도꼭지가 있게 마련이다. 언제든지 물통에 물을 채워넣어야 하기 때문이다.

벌겋게 달아오른 쇳덩이를 맨손으로 잡을 수는 없다. 집게가 있어야 한다. 집게는 가장 많은 가짓수를 자랑한다. 수십 가지다. 대장장이가 손쉽게 쥘 수 있도록 보통은 화로의 옆면에 걸어놓는다. 가짓수가 워낙 많다보니 한쪽 면으로는 부족해 그 옆면까지 차지하는 경우가 흔하다. 인일철공소에도 화로 앞면과 옆면에 걸려 있는 집게만 50여 가지다. 집게가 이처럼 다양한 이유는 만들어내는 물건의 모양이 다 제각각이어서다. 가느다란 것을 쥘 때, 굵은 것을 쥘 때, 그때

송종화 장인이 사용
하는 수십 종의 집
게. 집게는 뜨거운
걸 재빨리 집어들기
위해 화로 옆에 붙여
서 걸어놓는다.

마다 집게가 다르다. 편편한 것, 동그란 것, 구부러진 것, 뾰족한 것 등 그 모양에 따라 집게를 달리 잡아야 한다. 집게는 대장장이가 필요에 따라 직접 만들어 쓰는 게 대부분이다. 집게의 가짓수가 많다는 것은 그만큼 많은 형태의 물건을 만들었다는 얘기다. 그래서 집게는 그동안 쌓인 대장간의 노하우를 말해주는 상징과도 같다.

예전에 여럿이 작업하던 시절, 집게잡이는 고참이 맡았다. 풀무쟁이와 메질꾼의 윗 단계가 집게잡이였다. 집게잡이를 시작한다는 건 대장간에 들어와 5~6년이 지났다는 얘기였다. 메질할 때 쇠를 잡아주는 집게잡이의 역할은 무척 중요하다. 반듯하고 빠르게 쇠를 대주어야 한다. 그러지 않으면 메를 칠 수가 없다. 쇠가 식기 전에 빨리 대주지 않으면 쇠가 튄다. 한쪽으로만 납작해져도 안 되고, 각도 잘 나오게 잡아주어야 하니, 집게잡이의 기술력이 물건의 완성도를 좌우할 수밖에 없다.

망치도 가짓수가 많은 편이다. 인일철공소에는 20개가 넘는다. 망치 걸이에 걸린 것만 그렇다. 망치도 집게와 마찬가지로 대장장이와 한몸처럼 놀아야 한다. 망치는 내리쳐서 모양을 잡거나 납작하게 하는 단조망치와, 쇠를 끊거나 구멍 뚫을 때 쓰는 망치형 정으로 구분할 수 있다.

단조망치는 또 쇠메와 버림망치로 나뉜다. 쇠메는

송종화 장인의 망치
들. 눈에 들어오는
망치만 22가지다.

망치 머리가 크고, 1미터쯤 되는 긴 나무 자루를 끼운다. 그 큰 쇠메는 쇠를 잡아주는 집게잡이가 있을 때나 쓸 수 있다. 1인 작업 현장에서는 쇠메를 쓸 수 없다. 한 손으로 그 쇠메를 들고서 내리칠 수가 없기 때문이다. 인일철공소에도 예전에 쓰던 오래된 쇠메가 2개 있는데 요즘은 늘 혼자서 작업하기 때문에 이 쇠메를 잡을 일이 없다.

벼림망치는 쇠메보다 자루도 짧고 망치 머리도 작다. 우리가 흔히 망치라고 할 때의 그 망치라고 보면 된다. 달궈진 쇠를 늘리는 작업에 쓰는 묵직한 망치가 있고, 모양을 잡을 때 사용하는 가벼운 망치가 따로 있다. 망치 머리의 생김새도 가지가지다.

구멍을 뚫거나 쇠를 자를 때 쓰는 망치처럼 생긴 정(鉦)도 있다. 요즘은 쇠를 자르는 일을 기계에 맡기지만 예전에는 끝이 날카로운 망치로 했다. 자를 부위에 이 망치를 올려놓고 다른 망치로 내리쳐서 끊어내는 방식이다. 엿장수가 엿을 쳐내는 방식과 마찬가지라고 보면 된다. 구멍을 뚫을 때도 끝이 뾰족한 망치를 놓고 내리쳐서 뚫었다.

'A자형 기계 해머'는 혼자서 일하는 대장간에는 꼭 필요한 장비다. 스프링 해머라고도 한다. 달궈진 쇳덩이를 내리치는 용도다. 예전의 메질꾼 둘이나 셋이서 해야 할 일을 이 기계 해머만으로 거뜬히 하고도 남는다. 인일철공소에 있는 기계 해머는 1976년 이곳으로 옮겨올 때 서울에서 중고로 사서 들여왔다.

프레스기 역시 대장간의 필수 장비다. 인일철공소의 프레스기도 기계 해머와 함께 들여놓았다. 강철판을 원통형으로 오목하게 구부린다든지 할 때 필요하다. 이외에 쇠를 가는 데 쓰는 그라인더나 쇠를 꽉 끼워 고정하는 장비인 바이스도 있다. 작은 구멍을 뚫을 때 쓰는 드릴링 머신도 있다. 둥그런 톱날 디스크를 빠르게 돌려 단단한 쇠를 자르는 절단기도 대장간의 중요 장비다.

산소절단기와 전기용접기를 갖춘 대장간도 있다. 인일철공소가 그렇다. 산소절단기는 말 그대로 산소 불꽃으로 쇠를 절단하는 도구다. 약간 비스듬하게 사선으로 자를 때 많이 쓴다. 전기용접기는 용접봉에 전기 자극을 가해 쇠와 쇠를 이어붙이는 도구다. 인일철공소는 이 두 가지 도구를 다 갖추고 있다.

이 철공소의 송종화 장인은 용접기술을 꽤 일찍 배웠다. 1960년대에 우리 한국군이 베트남전쟁에 파병될 때였다. 베트남전에 용접기술자를 뽑는다는 얘기를 듣고 시험을 치기 위해 기술을 배웠다. 돈을 많이 준다는 말에 베트남전에 나가기로 한 거였다. 시험은 서울 용산에서 치렀다. 결과는 낙방이었다. 실력은 누구한테도 떨어지지 않는다고 자부했는데 상심이 이만저만이 아니었다. 뒷배가 없어서 그랬나보다 하고 넘겨버렸다. 그때 베트남에 갔더라면 살아서 돌아오지 못했을 수도 있다. 무사히 돌아왔다고 하면 대장간 일을 하지 않았을 수도 있다.

대장간의 장비나 도구들은 그것을 쓰는 장인들이 편하게 여기는 방식대로 갖춰져 있다. 하루종일 날이면 날마다 그렇게 수십 년을 일하면서 몸에 밴 대로 도구들을 사용하기 때문이다.

대장간마다 다른 게 하나 있다. 겉모양부터 차이가 크다. 앉아서 작업할 때의 의자다. 어떤 곳에서는 폭신한 의자를, 어떤 곳에서는 딱딱한 의자를 쓴다. 그야말로 대장간 주인 맘대로다. 이 작은 의자에서 대장간의 특색이 드러나기도 한다.

인일철공소에 가면 작은 흰색 의자가 눈에 띈다. 철근을 둥그렇게 감은 걸 크기별로 3층으로 만들어 용접하고 지지대를 세워 고정한 뒤 흰색 플라스틱 깔개를 얹어놓은 형태다. 아주 단순하게 생겼는데, 언제부터 썼는지 모를 정도로 오래되었다. 송종화 장인은 보통 기계 해머 작업을 할 때 이 의자를 깔고 앉는다. 그 의자를 볼 때마다 고구려 벽화 속의 대장장이가 깔고 앉은 흰색 의자가 떠오른다. 오회분 4호묘 널방 속에 수레바퀴 장인과 함께 그려진 대장장이. 송종화 장인이 흰색 의자에 걸터앉아 일하는 장면은 마치 그 옛날 고구려의 대장장이가 흰색 의자에 앉아 검고 둥그런 전통 모루 위에 올려놓은 쇳덩이를 두드리는 그 모습과 영락없이 닮았다는 생각을 지울 수가 없다.

대장간 이야기

15.
대장간과
농기구

농사는 늘 먹고사는 문제의 중심이었다. 요즘은 그 중
요도가 낮아졌다고는 하지만 국가 안보의 핵심에서
식량이 빠질 수는 없다. 농사가 얼마나 귀한 일이었으
면, 흔히들 자식을 낳아 기르는 일을 농사짓는다고 할
까. 농사에서 빠질 수 없는 게 연장이다. 호미, 낫, 괭
이, 쇠스랑, 가래 같은 농기구들을 만드는 곳이 바로
대장간이다. 농자천하지대본(農者天下之大本)을 말하
던 시절에 대장간의 주요 손님은 농민이었다.

요즘 와서도 농촌이나 도시를 가리지 않고 폭넓게
쓰이는 게 호미다. 도심에서도 텃밭을 가꾸는 사람들
이 많아지면서 풀을 매는 데 제격인 호미의 수요도
덩달아 늘었다. 호미의 인기는 국내뿐만이 아니다. 경
상북도 영주의 영주대장간 호미는 미국의 인터넷 종
합 쇼핑몰 아마존의 히트 상품이 되면서 'K-호미'라
는 말까지 생겨났다.

호미는 종류도 다양하고 지역마다 그 생김새도 다르다. 고장마다 토질이 다르기 때문이다. 2023년 5월 17일, 섬이면서도 농사일이 비교적 많은 인천 옹진군 영흥도를 찾았다. 이규산 장인이 운영하는 영흥민속대장간. 제품 진열대에는 여러 가지 모양의 호미 수십 자루가 쌓여 있었다. 농사철이다보니 호미를 찾는 손님들이 제법 있었다. 물론 호미는 밭농사나 논농사에만 쓰이는 게 아니다. 갯벌에서 바지락 같은 수산물을 채취하는 일에도 호미가 있어야 한다.

영흥민속대장간의 이규산 장인은 호미와 관련해 우리나라에서 매우 귀한 존재라고 할 수 있다. 혼자서

요즘은 찾아보기 어려운 쟁기.

대장간 이야기

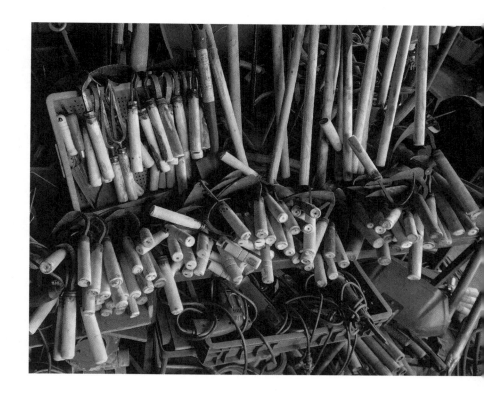

여러 지역의 호미를 만들 줄 알기 때문이다. 이 장인
은 젊었을 때 인천 도심에서 대장간 일을 배우며 여러
종류의 호미를 만들어보았다.

이규산 장인은 제품 진열대에 놓인 호미들을 설명
하면서 옹진 호미와 강화도 호미를 들어 보였다. 옹진
호미는 황해도 옹진 지역에서 피란 나온 사람들이 썼
던 호미를 일컫는다. 인천에 황해도 옹진 출신 실향
민이 많이 살다보니 인천의 대장간에서는 옹진 호미

이규산 장인이 만든
호미들이 영흥민속
대장간 진열대에 놓
여 있다.

를 만들 일도 그만큼 많았다. 옹진 호미는 일반 호미와 비교해 호미 날의 볼이 좁은 편이다. 일반 호미는 날이 한쪽으로만 둥그렇게 퍼져 있는데, 옹진 호미는 날이 좁으면서도 어깨가 양쪽에 나 있는 게 특징이다. 옹진 호미는 밭뿐만 아니라 바지락을 캐는 영흥도나 선재도의 갯벌 같은 데서도 두루 쓰인다.

강화 호미는 겉모양부터가 특이하게 생겼다. 일반 호미는 풀을 맬 때 호미를 쥔 손을 위에서 아래로 놀려 땅을 콕콕 찍는 데 편리하게 되어 있다. 그런데 강화 호미는 날을 살짝 비틀었고, 그 아랫부분이 칼날처럼 날카롭다. 땅을 널찍하게 긁어내면서도 질긴 뿌리를 끊어내기 쉬운 구조다. 강화도는 농토가 드넓은 지역이다. 인삼이나 순무 등 강화 특산물을 포함해 이곳에서 나는 작물도 다양하다. 그래서 이곳만의 호미가 생겨난 거다. 강화에는 대장간 마을이라 불리는 동네가 있을 정도로 큰 대장간이 여럿 있었다는데, 이제는 다 문을 닫았다.

이규산 장인은 요즘 옹진 호미나 강화 호미를 만들어내는 대장간이 없을 거라고 했다. 그 명맥이 끊기고 있다는 얘기다. 호미 날이 나뭇잎처럼 생겼다 해서 나뭇잎 호미라고 부르던 것도 있었는데, 이 장인조차 요즘은 만들지 않는다고 했다.

호미가 겉으로는 단순해 보이지만 만드는 과정까지 단순한 것은 아니다. 만들고자 하는 호미에 딱 맞는 철물을 준비해 절단하고 화로에서 달구고, 기계 해머로 두들겨 모양을 잡고, 절단기로 슴베 길이를 잘라 조절하고, 다시 화로에 넣고, 모루에서 모양을 잡고, 다시 화로에 넣고……. 이렇게 해서 완제품을 내놓을 때까지의 공정이 무려 20여 가지나 되었다. 이 장인은 "호미가 쉬운 것처럼 보이지만 작업하기가 까다로운 물건"이라고 했다.

농기구 중에 쟁기라는 게 있었다. 요즘은 사라지다시피 한 쟁기는 사람과 짐승의 협업 도구였다. 쟁기를 사이에 두고 소가 앞장을 서고 사람이 뒤를 받친다. 쟁기를 구성하는 여러 부품 중에 보습과 볏이 있다. 보습과 볏은 쇠로 만들어야 하는 부품이다. 보습이 땅을 밀고 들어가 위로 올려주면 볏이 그 흙을 옆으로 밀쳐놓는 역할을 한다. 보습은 부러지기도 하고 닳기도 해서 1년에만도 여러 개가 필요하다. 보습은 주물로 공장에서 찍어내기도 했지만 쟁기질하는 농부들은 대장간 제품을 많이 썼다. 쉽게 부러지지 않고 오래 쓸 수 있어서다.

보습이 깨지면 농부는 아쉬울 수밖에 없다. 그러나 그 마음을 알 리 없는 아이들은 기뻐했다. 고물상 엿장수에게 깨진 보습을 주고 엿을 바꾸어 먹을 수 있었기 때문이다. 먹을 게 귀했던 시골 아이들에게 깨진 보습은 먹거리 그 자체였다.

농사짓는 걸 경작(耕作)한다고 하는데, 이 '경(耕)'

자의 부수인 '耒(뇌)' 자가 쟁기라는 뜻이다. 쟁기는 그만큼 농사에 꼭 필요한 도구였다. 쟁기의 쓰임새는 보습에서 나온다. 쟁기의 형태도 여럿이었는데, 볏이 없는 쟁기는 있어도 보습 없는 쟁기는 없었다.

1920년대 조선총독부에서는 우리 땅의 농기구까지 자세히 조사해 『조선의 재래농구』라는 책자를 펴냈다. 한국무속박물관에서는 1995년 이 책을 번역하고 다듬어 같은 제목으로 출판했다. 여기 보면, 당시 우리나라 쟁기는 여섯 종류가 있었다. 겨리쟁기, 겨리쟁기에 볏이 없는 것, 호리쟁기로 짧은 멍에쟁기, 호리쟁기로 긴 멍에쟁기, 호리쟁기에 볏이 없는 것, 개간쟁기 등이었다.

소 한 마리가 끄는 걸 '호리'라 하고, 두 마리가 끄는 걸 '겨리'라고 한다. 중부 이남에 호리쟁기가 많았고, 북부지방에 겨리쟁기가 많았다고 한다. 개간쟁기라는 명칭이 낯설다. 벌판 개간용의 큰 쟁기인데, 그 개간쟁기에 끼우는 보습이 얼마나 컸던지 긴 지름이 60센티가 넘었고, 소 서너 마리가 끌어야 했다고 한다.

쟁기와 비슷하면서도 크기가 조금 작고 가벼워 사람도 끌 수 있는 극젱이도 있다. 극젱이에도 보습은 필요하다. 논에서도 쓰지만 주로 밭일에 사용했다. 극젱이를 지칭하는 이름도 지역마다 달랐고, 그 모양도 제각각이었다. 보습의 형태도 고장마다, 대장간마다 조금씩 차이가 있었다.

조선시대의 보습은 농사용으로만 쓰인 게 아니었다. 불에 달구어 살을 지지는 고문 도구로도 쓰였다. 낙형(烙刑)이라는 고문인데 이를 단근질이라고 한다. 우리 역사에 보습 단근질 고문을 당하는 와중에도 "쇠가 식었으니 다시 달구어 오라"면서 버텨냈다는 인물이 있다. 인현왕후 폐위 사건 당시의 박태보(朴泰輔, 1654~1689)다.

박태보의 보습 단근질 일화는 김구의 『백범일지』에도 등장한다. 김구는 일제 경찰에 붙잡혀 혹독한 고문을 당할 때, 박태보가 보습 단근질을 당하면서도 "쇠가 식었으니 다시 달구어 오라"고 한 말을 떠올리며 이겨냈다고 『백범일지』에 적었다.

보습 같은 쇠붙이를 불에 달구어 살을 지지는 낙형은 너무나 가혹했다. 인현왕후의 폐위를 강력히 반대하던 박태보는 여러 차례의 단근질 고문을 받았다. 단근질 고문이 얼마나 지독했던지 그때 이미 죽은 상태나 마찬가지였다. 박태보는 진도 유배형을 받고 서울을 나서자마자 노량진에서 세상을 뜨고 말았다. 그 뒤로 45년이 지난 영조 10년, 1734년에 이 낙형 제도는 폐지되었다. 이제 보습은 잔혹한 고문 도구로 쓰이지 않게 되었다.

보습은 우리나라 수출품목이기도 했다. 함경도 북평사(北評事)를 지낸 박래겸(1780~1842)의 『북막일기(北幕日記)』에 보면, 1827년 함경도 회령에서 공시(公

市)를 열어 보습, 소금, 소 등을 교역했다는 기록이 있다. 보습이 중국 만주 지역과의 교역 품목이었다는 것은, 우리나라의 보습이 중국의 쟁기에 쓰일 만큼 호환성이 있었다는 얘기다. 교역 시기는 12월이었다. 만주인들이 한겨울에 보습을 가져간 것은 봄 농사를 미리 준비하기 위함이었던 듯하다.

조선과 중국 만주 지역의 무역을 북관개시(北關開市)라 한다. 만주 지역에는 중국 중앙정부의 물자지원이 원활하지 않아 그들은 우리에게서 소금, 농기구, 소 등을 공급받았다. 우리는 말이나 짐승 가죽 등을 받았다. 북관개시에는 공시, 사시(私市), 마시(馬市)가 있었다. 이 북관개시를 서로 간에 물자를 교환한다고 하여 호시(互市)라 칭하기도 했다.

경북 영주시 순흥면 배점리 산골마을의 한 농가에서 쓰는 괭이.

보습 이외에도 우리나라와 중국의 농기구는 오래전부터 그 생김새나 쓰임이 비슷했던 듯하다. 고려에 사신으로 왔던 송나라의 서긍은 고려의 문물을 살펴

본 뒤 『고려도경』이라는 보고서를 작성했는데, 그중에 농업 분야 설명에서 "쟁기나 농기구는 중국과 대동소이하므로 생략하고 싣지 않는다"고 했다.

1970년대 인천에서 농사를 많이 지은 화교들의 농기구를 만들어본 이규산 장인도 화교들의 농기구가 우리의 그것과 별반 다르지 않았다고 설명한다. 이 장인은 다만 화교들이 쓰던 농기구 중 괭이만큼은 우리 것과 크게 달랐다고 했다. 중국의 괭이는 목이 가늘고 날이 얇은 편이었다. 이 장인은 화교들의 주문에 맞게 이 중국 괭이도 만들어 팔았다.

괭이 역시 농사에서 대단히 중요한 도구다. 밭이랑을 고르거나 골을 내거나 논을 고르거나 땅을 파는 데는 괭이가 편리하다. 『조선의 재래농구』에 보면, 지역별로 괭이의 형태가 달랐다. 경기도 부근의 괭이는 날 끝이 뾰족하고 중앙부가 약간 두터웠다. 남부지방의 괭이는 날 끝이 네모꼴이었다. 이 네모꼴이 일본의 쇠 곡괭이와 비슷하다고 했다. 우리나라에서 쓰는 괭이도 중부지방과 남부지방의 것이 겉모양에서 달랐다는 얘기다.

일본인들만 우리의 농기구를 보고 기록한 것은 아니었다. 19세기 벽두에 우리나라 어부 문순득이 바다에서 표류하다 일본 오키나와에 잠시 머문 적이 있었다. 그 뒤로 3년여 동안이나 필리핀, 마카오, 중국 등지를 거쳐 살아 돌아온 문순득의 체험담을 당시 흑

산도에 유배되어 있던 정약전(1758~1816)이 받아 적었다. 그게 『표해시말(漂海始末)』이라는 책자가 되었다. 문순득은 오키나와의 풍습을 설명하면서 "밭을 가는 것은 큰 괭이를 쓰고, 무논은 먼저 쟁기를 쓴다"고 했다. 밭은 괭이만 갖고도 갈 수 있으며, 논에서는 쟁기로 간 뒤에 괭이 같은 농기구로 흙을 고르게 폈다는 얘기로 읽힌다. 문순득이 보았던 그 오키나와 괭이가 우리나라 남부지방의 네모난 괭이와 비슷했을 것만 같다.

우리나라 괭이가 지역에 따라 그 모양이 달랐던 것은, 땅에 돌이 많으냐 그렇지 않으냐의 차이 때문이다. 산비탈을 개간할 때 주로 썼던 농기구가 괭이였는데, 돌이나 나무뿌리가 많은 땅에서 쓰는 괭이는 날의 끄트머리가 약간 뾰족하게 돼 있었다. 그에 비해 땅이 좀 무르고 고운 지역에서는 날이 네모난 괭이를 썼다.

농기구 중에 낫을 빼놓을 수는 없다. 벼나 보리 같은 곡식이 익으면 제때 베어야 한다. 너무 늦게 베면 낟알이 땅에 떨어져 수확량이 적을 수밖에 없다. 그때 꼭 필요한 게 잘 드는 낫이다. 낫이 잘 들지 않으면 베는 사람이 몇 배나 더 힘이 든다. 손에 힘을 많이 쓰면, 낫을 쥔 손이나 벼 포기를 잡았던 손이 퉁퉁 부어오를 만큼 아프게 된다. 다음날 일을 할 수 없을 정도다. 풀을 베거나 나뭇가지를 자를 때도 낫이 있어야 한다.

낫도 종류가 많다. 국립국어원에서 낸 민족생활어 자료 총서 네번째 『금산 사람들의 생활어·대장장이·무속인·단청장』을 보면, 낫의 종류만 12가지다. 왼낫, 조선낫, 외낫, 왜낫, 심지낫, 을목낫, 오목낫, 황새목낫, 복합낫, 얇은낫, 당몽태낫, 수온낫 등이다.

조선총독부가 조사한 『조선의 재래농구』에서는 평낫, 우멍낫, 버들낫, 반달낫, 톱낫, 벌낫, 밀낫 등 7가지가 있다고 했다. 주로 벼를 베는 데 쓰던 걸 벌낫이라고 했고, 나뭇가지를 치는 데 쓰는 것을 밀낫이라고 했다고 한다.

낫이나 호미, 쇠스랑 같은 농기구는 무기가 되기도 했다. 동학혁명 때 농민군은 별다른 무기가 없다보니 자신들이 농사지을 때 쓰던 농기구를 손에 들었다. 시인 신동엽은 농민군들의 그 모습을 작품에 옮겼다. '누가 하늘을 보았다 하는가'라는 시구로 유명한 그의 장편 서사시 「금강」에는 낫, 삽, 호미, 쇠스랑, 괭이 같은 무기가 된 농기구들이 여럿 등장

송종화 장인이 만든 낫.

한다.

예전에, 아니 멀리 갈 것도 없이 요즘에도 그렇지만 풍년이냐 흉년이냐는 문제는 하늘에 달렸다. 농사를 잘 지으려면 가뭄이 오래 들어서도 안 되고 장마가 오래가도 안 된다.

그래선지 날씨와 농기구가 연결된 우리말도 많다. 호미모는 물기가 적은 논 같은 데서 호미로 파서 심는 모를 일컫는다. 이와 비슷한 말로는 마른 논을 호미나 꼬챙이로 파서 심는 강모가 있고, 논에 물이 부족하여 꼬챙이로 논바닥에 구멍을 뚫으면서 심는 꼬창모가 있다.

비가 온 양을 나타낼 때 호미나 보습에 빗대어 쓰는 말도 있다. 호미자락은 빗물이 땅에 스며든 깊이가 얕아 호미의 끝이 겨우 들어갈 만큼 조금 내린 비를 말한다. 보지락은 보습이 들어갈 만큼 빗물이 땅에 스몄다는 말이다. '단비가 한 보지락 시원하게 내렸다' 처럼 쓴다.

두엄을 파내거나 땅 고를 때 쓰는 쇠스랑도 대장간에서 만들었다. 밭에 씨앗을 뿌리기 위해 땅을 파고 흙덩이를 잘게 부숴 이랑을 고를 때 쓴다. 용도에 따라 쇠스랑 발의 크기와 숫자가 달라진다. 두 발, 세 발, 네 발, 다섯 발짜리가 있다. 그 이름도 여럿인데 소시랑이라 부르는 곳도 있고, 소스랑이라 하는 곳도 있다.

산소의 봉분 쌓는 일을 한다든지, 논둑을 높인다든지 할 때 필요한 가래 같은 농기구도 있다. 작은 것은 3명이, 큰 것은 5명이 한 조가 돼 흙을 파서 던졌다. 논이나 밭은 물론이고 산역꾼이 가래를 써서 하던 일마저 이제는 포클레인이 대신하게 되면서 가래는 설 자리를 잃었다. 요즘은 가래를 한 번도 본 적 없는 사람이 훨씬 더 많을 듯하다. '호미로 막을 것을 가래로 막는다'는 속담마저 알아듣기 어려운 시절이 되었다. 이규산 장인의 영흥민속대장간에서도 더이상 가래 만들 일은 없어졌지만, 전에 쓰던 그 가래 견본은 아직도 간직하고 있다.

예전에 어린아이들에게는 대장간에서 농기구를 만들어내는 일이 그렇게 신기할 수 없었다. '섬의 시인'으로 불리는 이생진의 「대장간」이라는 작품에, 동심에 비친 충청도 서산의 대장간 정경이 펼쳐진다. 1929년생 시인은, 까마득한 서산초등학교 3~4학년 때 등하굣길 모습을 당장인 듯 눈앞에 담았다.

……대장간이 있는 시장으로 달려갔다 / 불 속에서 달궈낸 쇳덩이 / 무엇이 될까 그게 호기심이다 / 호미가 되더니 / 다음엔 소시랑 / 낫이 되더니 / 다음엔 삽 / 이마에서 흐르는 땀 배꼽까지 내려오고 / 배꼽을 지나 베잠방이까지 내려오는 소리 들으며 / 지켜봤다 / 지금은 모 심다가도 커피를 배달 받는데 / 아 저

렇게 땀을 흘리고서도 / 냉수 한 사발 마시는 걸 못 봤다

어린 마음에 호기심을 가득 채워준 대장간이, 그 어린 마음을 큰 시인으로 만든 바탕이 되었다. 그때 그 호미와 쇠스랑과 낫과 삽을 만들던 대장장이가 시인의 시 선생이 되었다.

대장간 이야기

16.
맨손어업과 대장간

몇 년 전 '누가 맨 처음 무엇을 했을까'라는 식의 궁금증을 풀어나가는 책이 나왔다. 거기에 '제일 처음 굴을 먹은 사람은 누구일까'라는 내용이 들어 있었다. 최초의 굴 먹은 장소는 무려 16만 4천 년 전 남아프리카의 호모사피엔스 주거 동굴로 좁혀졌다. 그곳에서 숯, 석기, 굴 껍데기 등이 발견되었다. 여전히 그런 것처럼 날것 그대로를 좋아했을 수 있지만, 숯이 있던 것으로 보아 불에 익혀 먹었을 수도 있다.

어릴 적 교과서에서 배웠듯이 우리나라에서도 오래된 패총(貝塚)이 해안가 여기저기에서 발견되었다. 굴, 꼬막, 바지락 등의 껍데기 더미였다. 남아프리카처럼 16만 4천 년 전은 아닐지라도 신석기시대부터 고려시대까지 이어져 왔으니 우리의 패총 역사도 꽤 오래다.

남아프리카의 호모사피엔스보다 먼저 우리 인류

중 누군가는 맨 처음 갯벌에서 낙지, 게, 조개, 소라 같은 것들을 보았을 게다. 아니, 갯벌에서 새들이 길쭉한 입을 갖다대고서 뭔가를 찾아 먹는 장면을 본 게 먼저였을 게다. 그러고는 새들이 하듯 뾰족한 막대기로 갯벌을 들쑤셔 그 속에 있던 것들을 찾아냈을 게다. 그후로 갯벌은 인류의 식량 창고가 되었다.

맨손어업은 그렇게 시작되었다. 바닷가 사람들에게 갯벌은 밭이자 논이다. 굴, 조개, 낙지 같은 해산물이 아주 오랜 세월 사람들을 먹여 살려 왔다. 맨손어업은 호미나 꼬챙이 등을 사용해서 수산물을 잡는 것을 일컫는다. 그걸 갯벌로 한정하면 갯벌어로다. 한반도의 갯벌은 생물 다양성 면에서도 세계적으로 으뜸이다. 정말 많은 것들이 갯벌에서 나온다. 우리 정부는 2021년 12월, 오랜 역사와 바닷가 마을 고유의 공동체 의식 등을 인정해 갯벌어로를 무형문화재로 지정했다.

2023년 5월 19일, 인천 옹진군 장봉도 야달항 갯벌에 나갔다. 저 멀리 아낙네 셋이서 눈만 내놓은 '갯벌 복장'으로 단단히 무장한 채 열심히 뭔가를 캐내고 있었다. 손에는 호미 하나씩 들려 있었는데 동네 어른에게 물어보니 가무락을 잡는 거라고 했다. 가무락은 조개인데, 색깔이 검어서 그렇게 부른다고 한다.

아낙들이 갯벌을 오가며 허리 굽혀 조개를 잡고 있을 때, 마침 그곳에 저어새 한 마리가 날아들었다.

인천 옹진군 북면 장
봉도 야달항 앞 갯
벌. 동네 주민들이
호미 하나씩 들고서
허리를 굽힌 채 조개
를 캐고 있다. 저어새
도 사람을 가리지 않
고 먹이활동을 하고
있다.

저어새는 먼저 와 있던 사람들을 의식하지 않고 먹이를 찾아 이리저리 다니며 부리로 갯벌을 휘저었다. 갯벌은 그렇게 사람과 저어새 둘 다를 위한 공동의 밭이 되었다.

장봉도 아낙들이 손에 든 호미는 어디서 만들었을까. 2022년 연말, 장봉도 출신 최승길씨를 인천의 인일철공소에서 만난 적이 있다. "장봉도에 계시는 아흔 넘은 아버지께서 낙지 잡는 걸 사오라고 하셨다"면서 핸드폰에 저장한 사진을 보여주었다. 두 발 달린 낙지 호미였다. 갯지렁이 잡는 두 발 호미를 장봉도 쪽에서는 낙지 잡는 데도 쓴다고 송종화 장인은 이야기했다. 장봉도 아낙들이 들고 있던 호미도 분명 인천의 몇 안 남은 대장간에서 만든 것일 테다.

맨손어업에 쓰이는 도구들도 다양하다. 조새, 호미, 삽, 작살 등 여럿이다. 우리가 이 도구들을 사용한 것은 무척 오래되었을 텐데 언제부터 쓰기 시작했는지는 명확하지가 않다. 처음에는 나뭇가지나 날카롭게 쪼갠 돌을 썼을 테고, 다음에는 동물의 뼈를 이용하다가 청동기나 쇠붙이로 넘어갔을 게다. 지금까지 드러난 유물 발굴 성과로 보면 나무와 쇠가 결합된 조새가 가장 오래된 우리의 맨손어업 도구에 속한다.

12세기, 전남 해남군 산이면 진산리 도요지에서 청자를 싣고 가던 고려 선박이 완도 약사면 어두리 앞 해상에서 침몰했다. 학계에서는 이 배를 완도선이라고

불렀다. 완도
선에서는 도
자기, 청동그
릇, 국자, 솥,
목제망치 등
과 함께 조새
2점이 나왔다.
뾰족한 쇠날
은 없고 나무
자루인 환봉
만 남아 있었
다. 자루의 모

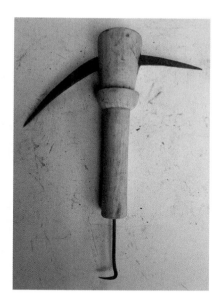

양새가 요즘 조새의 그것과 비슷하다.

조새는 굴 따는 도구이다. 갯바위에 붙어 있는 굴
을 따고 굴 껍데기를 까는 데 맞춤이다. 지역에 따라
'줴', '죄', '쪼새', '쪼시개', '갈고랑이', '구재' 등으로도
불린다.

조새는 둥근 방망이처럼 생긴 자루 머리에 양쪽
끝이 뾰족한 쇠날을 박는다. 자루 아래쪽 끝에는 뾰
족한 철사를 박아넣고 끝을 'ㄴ'자형으로 구부렸다. 요
즘은 굵은 손잡이 대신 손에 쥐기 편한 개량형 조새
도 많이 쓴다.

완도선이 침몰했던 바로 그 시기인 1123년 중국 송
나라의 서긍이 고려에 사신으로 왔다가 『고려도경』이

라는 보고서를 만들어 송나라 왕에게 바쳤다. 거기에 12세기 고려 사람들의 생활상이 비교적 상세하다. 갯벌에서의 어패류 채취 상황도 적혀 있다.

> 굴과 대합들은 조수가 빠져도 나가지 못하므로, 사람이 줍되 힘을 다하여 이를 주워도 없어지지 않는다.

썰물 때 굴과 대합들은 바다로 쓸려가지 못하고 갯벌 위에 드러나 사람들이 손쉽게 주울 수 있고, 그 양이 얼마나 많은지 아무리 주워도 줄어들지 않고 계속 나온다는 거다. 중국인 입장에서 우리 갯벌의 풍성함을 무척이나 부러워하는 게 여실하다. 굴과 대합을 채취할 때 무슨 도구를 썼는지는 나와 있지 않지만, 완도선 발굴에서 드러났듯 이때 이미 고려에서는 지금 쓰는 조새와 엇비슷한 도구를 사용하고 있었다.

옛 자료 중에 해산물을 이야기할 때 빠지지 않는 게 흑산도에 유배되어 있던 정약전이 지은 『자산어보(玆山漁譜)』다. 정약전은 이 책에 패류를 채취할 때 쓰는 도구가 어떤 것인지 대강이나마 기록했다. 굴의 종류인 석화(石華)를 말하면서 "암석에 붙어 있어 쇠송곳(鐵錐)으로 채취한다"고 했고, 굴통굴(桶蠔)을 설명하면서는 "(조수가 밀려와 두 쪽의 껍데기가 열리면) 굴통굴을 따는 사람은 쇠송곳으로 급히 내려친다. 그러면 껍데기가 떨어지고 살이 남는다. 그 살을 칼로 떼어낸다. 만약 내려치기 전에 굴통굴이 먼저 알게 되면 차라리 부서질지언정 떨어지지 않는다"고 했다.

정약전이 얘기한 쇠송곳, 즉 철추의 구체적인 모양까지는 적혀 있지 않다. 내려친다고 했으니 자루에 뾰족한 쇠가 박힌 조새 같은 형태였을 것만은 분명해 보인다. 석화는 쇠송곳 하나만 갖고도 채취할 수 있었는데, 굴통굴을 따려면 쇠송곳과 칼, 이렇게 두 가지를 함께 가져가야 했다.

정약전은 바윗돌에 딱 달라붙어 꿈쩍도 안 하는 굴통굴의 성질을 일러 "차라리 부서질지언정 떨어지지 않는다(寧粉碎而不落)"고 표현했다. 정약전은 천주교 박해에도 굴하지 않고 종교의 가치를 목숨과 바꾼 자신의 동생 정약종(1760~1801)을 비롯한 수많은 이들의 꼿꼿함을 생각했을지 모른다. 어떤 상황에서도 자신의 소신을 굽히지 않는 선비정신을 정약전은 굴통굴의 모습에서 읽

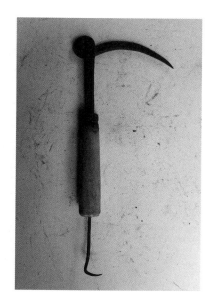

이규산 장인이 만든 개량형 조새.

어냈을 것만 같다.

갯벌에서 조개나 낙지를 잡는 호미 같은 도구들도 그 모양이 지역마다 다르다. 호미 날이 길고 크기가 큰 것은 갯벌이 깊고 단단한 대부도나 제부도 같은 곳에서 쓰고, 호미 날의 볼이 좁은 것은 백령도나 대청도처럼 부드러운 갯벌에서 사용한다.

갈퀴처럼 생긴 동죽호미도 있다. 갯벌을 긁어서 그 속에 든 조개들을 파내는 도구다. 이름이 동죽이라고 해서 동죽만 잡는 건 아니다. 갯벌에 얕게 들어가 있는 바지락 같은 조개류는 다 잡을 수 있다. 여섯 발짜리도 있고, 네 발짜리도 있다.

인천에는 동죽이나 바지락 같은 조개가 얼마나 많이 났던지 동네 이름이 조갯골이라고 부르던 곳도 있었다. 인천 연수구 옥련동 일대로 지금의 수인선 송도역 부근이다. 이곳에는 조갯고개라는 길도 있었다. 이제는 다 아파트단지로 변하여 조갯골이나 조갯고개는 옛말이 되었다.

게다가 옥련동, 동춘동 부근의 갯벌이 얼마나 넓었던지 그곳에만도 규모가 큰 어촌계가 여럿 있었다. 척전(尺前) 어촌계가 가장 컸고, 다음이 동막(東幕) 어촌계였다. 옹진군의 유일한 대장간인 영흥민속대장간에서 만드는 동죽호미가 바로 이 동막 어촌계 주민들이 쓰던 갈퀴 호미에서 시작되었다고 할 수 있다.

인천의 송도신도시는 척전이나 동막의 주민들이 맨

손어업을 하던 갯벌이었다. 고층 빌딩이 숲을 이루는 송도가 바닷물이 드나들던 갯벌이었다고 말하면 믿기지 않는다는 사람이 있을지도 모른다. 김영삼 대통령이 참석한 가운데 열렸던 송도신도시 기공식이 1994년 9월이었으니, 불과 30년 전만 해도 이 갯벌에서는 조개들이 집을 짓고 살았다. 영종도나 청라신도시 역시 마찬가지다.

신태범의 『인천 한 세기』에 보면, 옥련동 쪽 송도 갯벌에서 잡은 조갯살이 중국으로 수출되기도 했다고 한다. 동죽이나 가무락 같은 조개가 많이 잡혀서 차이나타운의 큰 상인들이 그걸 사들인 뒤 멸치처럼 데쳐서 말렸다. 그 말린 조갯살을 새우 살, 해삼, 전복과 함께 중국에 수출했다는 거다. 이 차이나타운의 상인들이 있는 통에 전국의 말린 해산물은 죄다 인천으로 몰려드는 진풍경이 연출되었다고 신태범 박사는 전한다.

인천 인일철공소에 가면 도로 옆 제품 진열대에서 아주 특별하게 생긴 철물을 볼 수 있다. 그걸 처음 보았을 때 문득 해마(海馬)가 떠올랐다. 머리를 숙이고 앞가슴을 내민 모양이 해마처럼 보였는데 '장어 작살'이라고 했다. 다른 곳에서는 '장어 칼'이라고도 하고 '장어 갈퀴'라고도 한다.

휘어 있는 삼지창처럼 생긴 부분이 장어를 꿰어 빠져나가지 못하게 하는 역할을 한다. 인일철공소에서는 그 삼지창의 가운데 두 가닥 뾰족한 침은 특별히 황동 용접을 해서 떨어지지 않게 한다. 자동차 판스 프링으로 만드는 이 작살은 길이가 1미터쯤 되는데, 여기에 작살 길이보다 긴 150센티쯤 되는 대나무로 자루를 만든다. 이 철공소의 장어 작살에는 자루를 박는 아랫부분에 홈이 여러 개 나 있다. 그곳을 철사 로 동여서 자루가 빠지지 않도록 하기 위해서다. 다른 지역에서는 나무로 자루를 만들기도 한다.

장어 작살이 인일철공소의 효자 품목일 때가 있었 다. 이 철공소의 장어 작살은 주로 민물장어잡이에 쓰 였다. 예전에는 민물장어를 잡는 사람들이 무척 많았 다. 저수지 같은 곳에서 튜브를 타고 장어 작살로 장 어를 잡아 자식들을 교육시키고 식구들을 건사하고

'7'자형의 키조개 채 취 갈고리. 잠수부들 이 이 갈고리를 가지 고 바다 밑바닥까지 들어가 작업을 한다.

도 남을 정도로 장어잡이가 잘되었다. 그때는 장어 작살 하나에 장어 1관(貫) 값을 받았다. 1관은 3.75킬로그램이다. 무척 큰 금액이었다. 지금은 사는 사람이 없어 만들 일도 별로 없다. 요즘은 6만 원을 받는다.

인천 옹진군 영흥면 선재도와 경기 안산의 대부도 갯벌에는 바지락이 그렇게도 많았다고 한다. 특히 선재도 갯벌은 '뻘보다 바지락이 많다'는 말이 나올 정도였다. 이곳의 바지락 산출량은 전국 최고를 자랑했다. 지금도 바지락이 많이 잡히는 편이다. 2023년 5월 17일 영흥민속대장간에는 바지락 채취 초보라는 여성이 여러 개의 호미 수리를 맡기러 왔다. 이날 오전에 3시간 동안 바지락 21킬로그램을 잡아 어촌계에 넘겼다는데 킬로그램당 2900원이라고 했다.

마침 그때 또다른 여성이 대장간을 지나쳤다. 나이가 지긋한 이 여성은 오전에만 낙지 30마리를 잡았다고 했다. 낙지 잘 잡기로 영흥에서도 소문이 났다고 한다. 이 여성은 낙지를 잡아 자식 다 키우고 재산까지 늘렸단다.

이 대장간 이규산 장인은 바닷속에 잠수해야 잡을 수 있는 키조개 갈고리도 만든다. 굵은 쇠막대기를 '7'자 형태로 꺾어 만든다. 손잡이 쪽은 둥그렇지만 키조개를 캐내는 끄트머리는 뾰족하다. 키조개 잡는 사람들은 '고마대'라고 부른다고 한다. 전라도나 충청도에서도 주문이 들어온다. 키조개는 깊은 바다의 바닥에 서식하기 때문에 잠수하지 않으면 잡을 수가 없다. 인천에는 덕적도 일대에 키조개가 많고, 경기도는 풍도나 화성 앞바다가 많다. 키조개 잡는 구역이 따로 정해져 있다고 한다.

온갖 오염물질로 몸살을 앓고 있다고는 하지만 우리 갯벌과 바다는 그래도 잘 버티고 있다. 문제는 도구에 있다. 우리의 맨손어업 도구를 만들어낼 대장간이 문을 닫게 되면 그 도구는 어디서 날 것인가. 정부는 오랜 전통의 갯벌어로를 무형문화재로 지정해 보존하겠다고 나섰건만 정작 갯벌어로의 도구는 우리 어민들의 손에 맞지도 않는 중국산을 써야 하는 처지가 되었다.

17.
대장간과
무속인

어디를 가나 대장간의 단골손님 중에는 무속인이 있다. 무속인과 대장간 철물이 무슨 연관이 있을까 싶은데, 굿을 할 때 쓰는 도구 중에 대장간이 아니고서는 구하기 어려운 게 제법 있다. 삼지창, 작두, 칼이 대표적이다. 웬만한 대장간의 제품 진열대에는 커다란 삼지창 한두 자루씩은 보이게 마련이다. 무인(武人)들이나 쓸 것 같은 이 무시무시해 보이는 강철 창이 무속인용이다. 작두를 잘 만들기로 소문난 대장간에는 작두를 맞추려는 전국 각지의 무속인들이 몰려든다. 무속인들이 춤을 출 때 쓰는 신칼이라 하는 칼도 대장간 작품이다.

삼지창의 크기는 다양하다. 굿을 한다든지 제를 지낼 때 희생 동물을 받쳐놓거나 찌르는 데 쓴다. 작두는 풀이나 짚, 약재 같은 걸 써는 도구인데 굿에서도 사용한다. 영험함을 드러내기 위해서다. 이때의 작두는 두 개를 한 조로 삼는 쌍작두가 있고, 하나만 쓰는 외작두가 있다. 맨발로 날카로운 날을 밟고 올라선다. 이걸 일러 작두 탄다고 한다. 자칫 잘못하면 발을 다치는 수가 있다. 대장간에서는 작두의 날이 날카롭지 않고 무디면 오히려 타는 사람이 발을 다친다고 말한다. 더 날카로울수록 다치지 않는다는 다소 믿기 어려운 말이 정말 맞을까 싶기는 하다. 어쨌든 작두 만드는 대장간에서는 날을 벼리는 데 특별히 신경을 쓴다. 칼은 양손에 들고 춤을 출 때 쓴다. 말 그대로 칼춤용이다. 무속인이나 대장간에서는 신칼이라고 부른다. 희생 동물을 찌르는 용도로도 칼을 사용한다. 굿에 쓰는 칼의 종류는 다양하다.

무속은 원시종교의 한 갈래로 이어져 왔다. 굿을 하는 사람을 보통 무속인이라고 부른다. 무당이라고도 하는데 무속인들은 이 표현을 꺼린다. 무당은 순우리말이기도 하고 '巫堂'이라는 한자를 빌려서 쓰기도 한다. 이때의 巫(무)라는 글자 모양이 샤먼이 신을 부를 때 사용하는 방울을 형상화한 것이라고 한다. 무당은 여성을 일컫고, 남성일 경우에는 박수라고 한다. 박수는 한자로 격(覡)이라고 쓴다. 2016년 개봉했던 나홍진 감독의 영화 〈곡성(哭聲)〉에서 배우 황정민이 연기한 일광이 박수다. 황정민의 굿 장면이 얼마나 생동감 넘치고 신들린 듯했던지 실제 무속인들도 넋을 잃고 볼 정도였다.

　중국의 성씨 중에는 원시사회부터 제사를 주관하던 제사장에서 비롯된 축(祝), 무(巫), 복(卜)씨 등이 있다. 신에게 제사 드리는 직업을 성으로 삼은 거다. 직업이 성이 된 경우는 영어권에서도 많이 있다. 대장장이를 일컫는 'smith'에서 스미스라는 성이 등장했다. 이 성을 쓰는 사람들의 조상을 찾아 올라가면 그 원류는 대장장이였다고 봐야 한다. 요즘 미국에서 가장 많이 쓰는 성이 스미스라고 한다.

　신령스럽다고 할 때의 영(靈)이라는 글자는 비가 내리기를 비는 무당의 모습에서 따왔다고 한다. 그래선지 천문기상을 살피던 누대를 영대(靈臺)라고 했다. 영대는 신령스러운 마음이나 정신을 뜻하기도 한다.

　농경사회에서 풍년을 맞이하느냐 흉년이 드느냐의

문제는 오로지 하늘에 달려 있었다. 오랜 가뭄으로 대지가 타들어갈 때 성난 민심은 궁궐을 향하게 마련이다. 왕이 정사를 제대로 못하는 바람에 하늘이 노해서 비가 내리지 않는다고 여기는 거다. 따라서 가뭄에 비를 내려달라고 비는 기우제는 국가적 대사였다.

『고려사』나 『고려사절요』 등에는 기우제를 지냈다는 기록이 유난히 많다. 왕이 직접 사찰에 가서 악기를 두드리며 비를 빌기도 했고, 무당을 집단으로 동원해 빌기도 했다. 그것도 200~300명씩 불러모았다. 재난 상황을 벗어나고자 무당에게 크게 의존한 거였다.

그러나 고려 조정의 지배계층에서는 많은 사람이 무당을 싫어했고, 왕에게 무당을 쫓아낼 것을 요구하기도 했다. 『동국이상국집』의 이규보(1168~1241)가 대표적인 인물이다. 이규보는 「노무편(老巫篇)」이라는 글을 지어 왕궁이 있던 개경에서라도 백성들의 풍속을 어지럽히는 무당들이 없어졌으면 좋겠다는 뜻을 노골적으로 밝혔다. 이규보는 그러면서도 영험한 진짜 무당과 그렇지 않은 가짜 무당을 구분했다. 이규보는 중국 상고시대 황제(黃帝) 때의 신무(神巫)인 계함(季咸)을 신기롭다면서 높이 평가했다. 자신이 살던 시대에는 그를 이을 만한 무당이나 박수가 나오지 않고, 그저 신이 내린 몸이라고 거짓소리를 하면서 사람들을 현혹하는 가짜 무당 천지라고 보았다.

무당을 쫓아내야 한다고 주장하는 쪽과 그러면 안

된다는 쪽의 치열한 로비 대결도 『고려사절요』에는 적혀 있다. 『고려사절요』 인종 9년(1131) 8월 기록에 보면, 일관(日官)이 "근래에 무당을 믿는 풍속이 크게 유행하고 있다"면서 무당을 내쫓을 것을 왕에게 요청했다. 왕은 조서를 내려 "그렇게 하라"고 허락했다. 쫓겨날 위기에 처한 무당들도 가만 앉아서 보고만 있지는 않았다. 서로 은병(銀甁) 100여 개를 거두어 권세가에게 뇌물로 주고 청탁했다. 그 권세가는 왕에게 "귀신이라는 게 형체가 없는 것이므로, 어떤 게 진짜인지 헛것인지는 알지 못한다"면서 무당들을 옹호했다. 그러자 왕은 그 말을 그럴듯하게 여겨 좀 전에 내렸던 무당 금지령을 늦추었다.

조선시대에는 더했다. 동아시아 종교사 연구자인 한승훈이 2021년에 펴낸 『무당과 유생의 대결』에는 책 제목처럼 조선시대 무속인과 새로운 국가 지배 이념인 성리학에 몰두하는 유생(儒生)들의 치열한 다툼이 역사적 자료를 토대로 그려진다. 무당들은 궁궐 깊숙이 파고들어 나라 살림에 끼어들기도 했으며, 그와는 정반대로 유생들에게 또는 권력 핵심에 의해 천대받으며 쫓겨나기도 했다. 조선시대에는 그야말로 무속 신앙과 유교 교리의 대결이 끝없이 전개되었다. 저자 한승훈은 무속을 민속종교로 분류한다.

그 오랜 부침 속에서도 무속 신앙은 지금껏 이어지고 있다. 2023년 4월 3일 인천의 한 굿당에서는 작

두 타는 무속인의 굿이 펼쳐졌다. 국가무형문화재 제
90호인 '황해도평산소놀음굿'의 전승교육사가 굿을
이끌었고, 그를 신엄마라고 부르는 제자가 이날 굿을
주관했다. 작두는 주관자가 타게 되어 있었다. 굿 주
관자를 경관이라고 칭했는데, 그 경관은 '○○ 작두장
군', '○ 보살' 등으로 불렸다.

굿당 안 정면에는 온갖 과일을 3단, 4단으로 쌓아
놓은 큰 상이 마련되어 있고, 벽에는 다양한 장군들

무속인들이 사용하
는 삼지창.

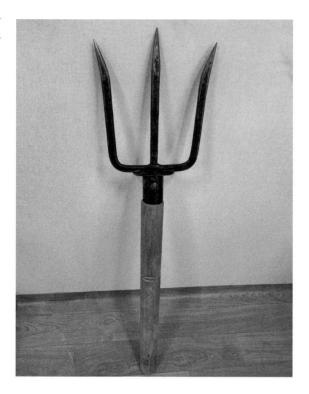

의 초상이 빨강, 노랑, 파랑 등의 색깔로 그려져 있었다. 굿판에는 장구와 징을 치는 연주자들도 앉아 있었다. '장군 부르는 노래'가 15분 정도 길게 이어졌는데 노래에 등장하는 여러 장군 중에는 이순신 장군도 있었다.

굿을 주관하는 무속인은 양손에 신칼을 들고 제자리에서 뛰고 돌고 하면서 격렬하게 춤을 추었다. 작두타는 곳은 바깥에 따로 마련해두었다. 작두는 땅바닥

무속인들이 굿할 때 쓰는 여러 종류의 칼들.

에 있는 게 아니라 150센티쯤 되는 높은 단 위에 올려져 있었다. 쌍작두였다. 무속인은 계단을 올라 작두 위에 발을 올렸다. 작두 받침은 건장한 장정 둘이서 흔들리지 않게 붙잡고 있었다. 맨발의 무속인이 작두에 올라섰고, 날 위에서 발을 이리저리 떼었다. 이 굿을 작두거리라고 했다.

작두거리가 끝나자 타살거리가 이어졌다. 타살거리의 희생 동물은 돼지였다. 큰 돼지 1마리를 8개 부위로 해체해 늘어놓고 삼지창과 칼을 꽂았다. 팥떡도 여러 시루에 나누어서 했다. 이날 굿은 아침 일찍부터 저녁 늦게까지 계속된다고 했다.

많은 이들이 새로운 가게를 연다든지 할 때 액운을 막고 행운을 빌기 위해 음식을 차려놓고 신령에게 제사를 지낸다. 이를 고사(告祀)라고 한다. 고사에 초대받은 손님은 삶은 돼지머리를 향해 절을 한 뒤 돼지 입에 돈 봉투를 끼우며 주인을 격려하고 성의를 표한다. 굿이나 고사에서 제사상에 돼지머리를 올리는 관습은 언제부터 시작되었을까.

생육신의 한 사람으로 우리나라 최초의 한문소설 「금오신화(金鰲新話)」를 쓴 매월당 김시습(1435~1493)의 눈에 전라도 나주목의 촌민들이 산신에게 제사 지내는 잔치 모습이 잡혔다. 『매월당집』에 실린 「금성사(錦城祠)」라는 시에 '돼지 족발〔豚蹄〕'이 등장한다. 이 돈제(豚蹄)라는 한자어를 『매월당집』을 번역한 세종대

왕기념사업회 고전국역편집위원회에서는 '돼지 발쪽'
으로 해석했다. 쉬운 말로 돼지 족발이라는 건데, 이
와는 달리 심경호 교수의 『김시습 평전』에서는 발굽
〔蹄〕이라 하지 않고, 그냥 다리로 보았다. 그 대목을
읽어보자.

장구와 북으로 일 년 평안을 기원하고〔缶鼓祈年樂〕
돼지 다리로 풍년 들기를 비누나〔豚蹄祝歲穰〕

제사를 지내는 동네사람들은 왜 요즘처럼 돼지머
리를 쓰지 않고 돼지 다리를 올렸을까. 아니면 돼지
머리도 있고 돼지 다리도 있는데 김시습이 그냥 돼지
다리만 언급했던 것은 아닐까. 김시습이 본 대로, 돼
지 발굽〔豚蹄〕을 '돼지 다리'로 볼 것이냐 '돼지 발쪽'
으로 해석할 것이냐는 좀더 따져봐야 할 문제다. 옛
말에 '돈제양전(豚蹄穰田)'이라는 표현이 있다. 돼지
발굽을 바치며 풍년을 빈다는 뜻이다. 베푼 것은 적
고 바라는 것은 많음을 빗대어 이르는 말이기도 하
다. 김시습이 읊은 '돈제축세양(豚蹄祝歲穰)'과 같은
의미다.

김시습보다 100년쯤 뒤에는 드디어 돼지머리가 상
량식 고사에 오른다. 유희춘(1513~1577)의 『미암일기』
(1575년 11월 21·22일)에 상량제를 위해 담양 부사가
돼지머리 하나를 보내왔다는 내용이 있다고 한다.

돼지 족발이든 돼지머리든 돼지고기를 굿거리 음식으로 썼던 전통이 아주 오랜 것임은 분명해 보인다. 위에서 얘기한, 인천의 한 굿당에서 펼쳐진 타살거리에서는 돼지머리도 있었고 돼지 다리도 있었다.

무당이 작두 타면서 진행하는 굿은 시인 백석(1912~1996)의 작품 소재로도 쓰였다. 백석은 1935년 11월에 발표한 「산지(山地)」라는 시에서 "아랫마을에서는 애기무당이 작두를 타며 굿을 하는 때가 많다"고 노래했다. 「산지」는 평안북도 정주 출신인 시인이 고향 마을 풍경을 카메라 셔터를 누르듯 그려낸 시다. 고향 마을 옆 동네에 애기무당이 있었는데, 그 애기무당이 용하다는 평이 많았던지 작두 타는 굿 의뢰가 잦았던 모양이다. 애기무당이 탔다는 작두는 아마도 그 동네 어귀에 있던 대장간에서 날을 아주 날카롭게 세운 거였지 싶다. 애기무당이 발을 다치지 않도록.

백석이 애기무당의 작두 타기를 노래한 바로 그 시기, 서울 근처의 한 무당집에서 굿하는 장면이 서양인의 화폭에 그대로 담겼다. 우리나라를 자주 드나들며 우리의 옛 모습을 그려 수많은 작품으로 남긴 엘리자베스 키스(1887~1956)의 〈무당〉이다.

수채화 작품인 〈무당〉에는 방안에서 춤을 추는 무당과 그 모습을 구경하는 사람들의 표정과 시선까지 세세하다. 신기한 듯 바라보는 어린 여자아이, 무서워서 우는 남자아이의 모습도 잡아냈다. 굿을 벌이는 큰

방과 그 옆방, 그리고 큰방에 딸린 부엌도 그려넣었다.

작가는 무당을 시중드는 노파와 부엌에서 일하는 어린 소녀에 대해서도 별도의 설명글로 자세히 풀어냈다. 그 둘은 무당이 부리는 노비였을까. 제법 길게 쓴 작가의 얘기대로라면 노비처럼 보인다. 조선시대에는 무당에게 노비를 바치는 일이 많았다는데, 이게 사회문제가 될 정도였다. 조상의 혼을 그림으로 그려서 무당의 집에 모시고 기도를 올리도록 하고, 그 대가로 상당한 재물을 제공했다. 특히 조상을 모시는 일을 돕도록 노비를 헌납하기도 했다. 이를 신노비(神奴婢)라고 했다. 노비 처지에서 보자면, 할일 많은 양반 대갓집보다는 무당집에서 일하는 게 훨씬 편했을 것 같기는 하다.

15세기, 정확히는 1443년 세종 25년 의금부에서는 무당에게 조상 섬기는 제사를 맡기는 것과 노비를 바치는 일을 금하도록 했다. 이런 얘기가 위에서 언급한 『무당과 유생의 대결』에도 소개되어 있다. 엘리자베스 키스가 찾아갔던 무당집의 노파와 소녀가 그 집에서 일하는 노비였다면, 이는 신노비 관행이 중앙정부의 금지 조치에도 불구하고 수백 년 동안 유지되어 왔다는 점을 입증하는 거다.

조선시대 지배층을 이룬 성리학자 중에는 무당을 부정적으로 본 경우가 많았다. 하지만 다 그런 건 아니었다. 무당의 능력을 믿는 사람도 있었다. 조선 중

기의 문신 유몽인(1559~1623)의 『어우야담』「무격(巫
覡)」편에는 귀신처럼 앞일을 알아맞히고 아픈 데를
낫게 하는 아주 용한 무당 2명의 이야기를 실어놓았
다. 그중 평안도에 산다는 무당은 신내림을 하기 전에
는 일자무식이었다는데, 한나라 승상 황패(黃霸)의 귀
신을 접해서 무당이 되었다고 소개한다. 글조차 모른
다는 그가 어찌 황패라는 서기전 중국 인물을 알았
는지, 아니면 실제로 황패의 신내림을 받은 것인지 무
척 궁금하기는 하다. 양반계층에서 황패는 청렴하고
공정한 관리의 표본으로 여기던 인물이다.

군대 생활도 요즘에는 많이 좋아졌다고 하는데, 예
전에는 그야말로 하루를 맞는 일로 시작해서 맞는 일
로 끝맺는다고 할 정도로 구타나 얼차려가 다반사였
다. 상급자들이 하급자를 '비 오는 날 먼지 나게' 때리
거나 식기 세척장에서 '엎드려 머리 박고 뒷짐 지는'
얼차려를 시킬 때 '한따까리'라는 표현을 썼다. 나중
에 안 얘기지만 이 '한따까리'가 '한 푸닥거리'의 준말
이었다. 푸닥거리는 무당이 간단하게 음식을 차려놓
고 잡귀를 풀어먹이는 굿이다. 누군가 귀신 탓으로 여
겨지는 병에 걸렸다면, 무당을 불러 푸닥거리를 함으
로써 환자의 병을 푸는 일을 풀어먹인다고 한다.

우리가 자주 쓰는 말 가운데는 무당이 하는 굿과
관련된 게 의외로 많다. '넋두리'나 '푸념'이라는 말은
원래 무당이 죽은 사람의 넋을 대신해서 하는 말을

가리킨다. 어떤 가게를 자주 찾는 손님을 '단골'이라고 하는데, 이 단골이라는 말도 굿을 할 때 늘 정해놓고 불러 쓰는 무당을 일컫는다. '굿이나 보고 떡이나 먹지'라는 말 속의 떡이 계면떡인데, 무당이 굿을 끝내고 구경꾼들에게 나눠주는 떡을 말한다. '뒷전으로 밀렸다'고 할 때의 뒷전도 무당의 굿 열두 거리 가운데 마지막 거리를 가리키는 데서 나왔다. 이 '뒷전'을 제목으로 뽑은 굿 관련 책도 나왔다. 민속학자 황루시의 『뒷전의 주인공』이다.

무당과 관련된 말이 우리와 가까이 있다는 것은 예부터 우리네 일상에서 무속이 차지하는 비중이 그만큼 컸다는 얘기다. 그래서인지 일반 백성들의 삶의 모습을 담아낸 문학작품에서는 무당 이야기가 비교적 많이 다뤄지는 편이다. 조선 숙종 때를 배경으로 한 황석영의 대하소설 『장길산』에서는 열두 거리 굿 장면이 상세히 펼쳐진다. 신딸 봉순이가 송도 덕물산 산신 최영 장군을 모셔 들이는 대목이라든지 그 밖의 여러 장면에서 대장간 물품인 삼지창과 언월도가 등장한다. 『장길산』의 굿 장면이 어찌나 자세한지 읽는 이가 마치 굿을 보고 있다는 착각을 불러일으키게 한다.

18.
조총을 만든 이순신과
조선의 대장장이들

우리 역사에서 영웅은 여럿이지만 성웅은 오직 한 사람뿐이다. 이순신. 역사에 가정은 없다지만, 임진왜란 때 이순신이 전라좌수사를 맡지 않았더라면 일본은 지금처럼 섬나라로 남아 있지 않았을지도 모른다. 당시 왕위에 있던 선조는 백성을 저버린 채 혼자서만 살겠다고 도망치던 인물이지만, 전쟁 전에 이순신을 전라좌수사로 앉힌 결정만큼은 나라를 지키는 데 있어 '신의 한 수'였다.

　이순신은 전쟁 발발 전부터 마음을 다하여 혹시 모를 외적의 침입에 대비했다. 그러나 임금을 비롯한 관료들은 시시각각 닥쳐오는 전쟁 위기에도 천하태평이었다. 눈을 부릅뜨고 경계하고 단단히 준비해야 할 전선에 중앙정부의 지원이 제대로 이뤄질 리 없었다. 최전선의 부대마다 식량이며 무기며 많은 걸 스스로 해결하는 구조였다. 그 어려운 상황 속에서도 할 수 있

서울 광화문광장의
이순신 장군 동상.

는 최대한의 노력으로 전쟁 대비태세를 갖춘 이는 이
순신과 그를 천거한 유성룡 등 극소수였다.

이순신은 왜적들로부터 노획한 조총(鳥銃)을 본떠
우리식의 또다른 조총을 개발하는 데 성공했다. 임진
왜란 발발 1년여 만이었다. 이순신은 이와 관련한 보
고서를 임금에게 올리면서 그 주역인 대장장이들의
이름을 일일이 열거하고 포상을 요청하기도 했다. 임
금이 읽을 문서에 노비인 대장장이 이름을 적는 일은
당시로는 무척 용기 있는 일이었을 게다. 임금에게 자
신의 공은 내세우지 않고 대장장이들에게 그 공을 돌
리는 일, 이순신이 아니었더라도 가능했을까.

이순신이 1593년 9월 초에 작성한 「화포(조총)를
봉해 올리는 일을 임금께 보고하는 장계(封進火砲狀)」
는 그동안의 전투에서 수많은 조총을 노획했고, 그
우수한 성능을 잘 알고 있어 조총을 만들려고 노력한
끝에 드디어 군관 정사준이 그 방법을 터득해서, 대
장장이(冶匠) 낙안 수군 이필종(李必從), 순천 사노비
안성(安成), 김해 절 노비 동지(同之), 거제 절 노비 언
복(彦福) 등이 정철(正鐵)을 두들겨 조총과 똑같은 성
능을 가진 새로운 조총을 만들었다는 내용이다. 이순
신의 조총 개발에 최소 4명의 대장장이가 뛰어들었음
을 알 수 있다.

이순신은 또 자신의 수군 각 진영과 각 고을에
서 조총을 만들도록 했으며, 대장장이들이 만든 조

총 1자루는 권율 장군에게도 보냈다. 그리고 임금에게 5자루를 봉해 올리면서 전국 각지에서 이 조총을 만들도록 명할 것과 조선의 조총을 만드는 데 성공한 휘하 장교와 대장장이들에게 특별한 상을 내릴 것을 요청했다.

이순신이 조총 제작에 성공한 것은 임금에게 보고 문서를 올리기 4개월 전인 1593년 5월이었다. 『난중일기』(1593년 5월 12일)에 "새로 만든 정철총통을 비변사로 보냈다〔新造正鐵銃筒 送于備邊司〕"는 대목이 있다. 비변사는 당시 각종 업무를 총괄하는 국가 최고 기관이었다. '新造正鐵銃筒(신조정철총통)'이라는 구절을 노산 이은상(1903~1982)처럼 '새로 만든 쇠총'이라고 번역하기도 한다. 아무튼 전문가들은 이 정철총통 또는 쇠총이 일본의 조총을 본떠 만든 조선의 조총이었다고 본다.

이순신은 자신의 부대에서 일하던 대장장이들이 만든 조총을 정철총통이라 쓰기도 했고, 조통(鳥筒)이라 하기도 했다. 일본의 조총은 왜통(倭筒)이라 적기도 했다. 이순신의 조총은 성능이 꽤 좋았던 모양이다. 이순신 연구가 박종평은 2018년 펴낸 『난중일기』에 이순신의 일기와 수많은 장계뿐만 아니라 일기 속 메모까지도 번역해 실었다. 이 책에 실린 1593년 9월 15일 일기 뒤 메모를 보면, 온갖 생각 끝에 조통을 만들었는데 왜통과 비교해도 아주 절묘하다면서 명나라 사람들이 시험 사격을 했는데 잘 만들었다고 칭찬하지 않는 사람이 없었다고 적었다.

오래전부터 조총에 대해 잘 알고 있던 명나라 군인들까지 칭찬해 마지않았다는 그 이순신의 조총을 받아든 임금 선조는 어떻게 대처했을까. 그런데 이상하게도 선조는 이순신이 올린 조총 이야기는 하지 않는다.

『선조실록』을 보면, 1593년 6월 16일 선조는 "조총을 만들 줄 안다는 생포한 왜인에게 조총을 만들게 하라"고 지시했다. 이순신이 정철총통을 만들어 보내고 한 달도 더 지난 뒤였다. 임금이 왜적을 피해 도성을 벗어난 상태였지만 이순신의 조총을 받아보고도 남을 시간이다.

선조의 조총 제작 지시 직후인 1593년 6월 29일 비변사는 선조에게 인재, 식량, 군사 등 급선무가 무엇인지를 보고했다. 그중 무기에 대해서도 말했는데, "무기에 있어서는 적을 방어하는 데 궁시(弓矢)보다 더 중요한 것이 없으나, 그 소리와 위엄이 적을 진압하여 일거에 섬멸하는 것은 각양(各樣)의 화포가 제일"이라면서 전국 여러 곳에 화포 제작소를 설치해야 한다고 했다.

이순신은 비변사에 우리 기술로 만든 조총을 보냈는데, 비변사는 그 얘기는 하지 않고 엉뚱하게도 화포를 더 만들어야 한다는 내용을 보고한 거다.

더 이상한 일은, 임금 선조가 직접 조총을 고안해 만들었다는 놀라운 얘기가 『선조실록』(1593년 11월 12일)에 실렸다는 점이다. 유성룡에게 조총을 주면서 했다는 선조의 말이 실록에 나와 있다.

조총은 천하에 신기한 무기인데 다만 화약을 장전하기가 쉽지 않아서 혹시라도 선(線)이 끊어지면 적의 화살에 맞아 죽게 될 것이다. 내가 이를 염려하다가 우연히 이런 총을 만들었는데, 한 사람은 조종하여 쏘고 한 사람은 화약을 장전하여 돌아가면서 다시 넣는다면 탄환이 한없이 나가게 될 것이다. 다만 처음 만든 것이라 제작이 정교하지는 못하다. 지금 경(卿)에게 보내니 비치해놓고 한번 웃기 바란다.

'내가 이를 염려하다가 우연히 이런 총을 만들었다.' 선조 자신이 골똘히 생각해 조총을 만들었다는 얘기다. 발사하는 사수와 화약 넣는 조를 돌아가면서 배치하면 효과적일 것이라는 사격술까지 덧붙였다. 그러나 이 내용을 기록한 사관은 임금이 무기의 공졸(工拙)을 논해서는 곤란하다고 비판했다. 사관은 특히 대신들도 임금의 뜻에 아첨하여 그대로 순응하느라 묵묵히 한마디 말도 없으니 통탄해 마지않는다고, 선조의 조총 제작 문제와 관련해 대신들까지 싸잡아 날을 세웠다.

임진왜란 때 일본군이 사용했던 것과 비슷한 형태의 조총 두 자루. 충남 아산시 현충사 충무공 이순신기념관 전시실. 일본 재일 한일문화협회에서 기증했다.

그러면 임금 선조는 진짜로 조총을 만들었을까. 임진왜란 내내 보여준 선조의 태도와 당시의 정황으로는 선조가 직접 총을 만들었을 것 같지는 않다.

선조가 조총의 존재를 안 것은 임진왜란 발발 3년여 전이다. 『선조수정실록』(1589년 7월 1일)에는 "(일본의 사신) 평의지(平義智) 등이 공작(孔雀) 한 쌍과 조총 수삼 정을 바쳤는데, 공작은 남양(南陽) 해도(海島)로 놓아 보내도록 하고 조총은 군기시(軍器寺)에 간직하도록 명하였다. 우리나라가 조총이 있게 된 것은 이때부터다"라고 썼다. 선조의 명령에 따라 공작새는 바다로 날아갔을 테고 조총은 군기시에 보내졌을 텐데 그 뒤로 그 조총의 행방은 묘연하다.

선조가 임진왜란 중에 왜군의 조총을 깊이 연구한 끝에 새로운 조총을 만들어낼 정도로 신무기나 과학기술에 대한 호기심이 있었다면 일본 사신이 조총을 진상했을 때 그냥 군기시에 간직하라고만 하지 않았을 게다. 지금까지 볼 수 없었던 새로운 무기인 조총의 성능을 시험하고 좀더 나은 걸 개발하도록 명령했어야 했다. 조총을 처음 접한 중국과 일본이 그랬던 것처럼 말이다.

이런 상황이다보니, 선조가 유성룡에게 건네준 그 총의 정체가 정말 궁금하지 않을 수 없다. 선조의 조총이 일본 사신 평의지가 준 것을 군기시에서 연구해 개발한 것인지, 이순신이 대장장이들과 함께 제작해 비변사에 올려보낸 그것인지, 이것도 저것도 아니면 실제로 자신이 고안해서 만들어낸 것인지, 도대체 진실이 무엇인지 알 수가 없다. '대신들이 아첨하면서 한마디 말도 없다'는 사관의 비판까지 한데 묶어서 살피자니 더욱 갈피를 잡기 어렵다.

조선 후기 조재삼(1808~1866)은 백과사전류의 책 『송남잡지(松南雜識)』를 펴내면서 「조총」편에 "(조총의) 총머리(銃頭)에 구멍을 뚫은 것은 충무공 이순신으로부터 시작되었는데, 격화선(擊火線) 때문이다"라고 썼다. 격화선은 불을 붙여 조총의 화약을 터트리게 하는 선이다.

조재삼은 이순신의 조총 개량을 이야기하면서 선조의 조총 얘기는 쓰지 않았다. 선조가 유성룡에게 조총을 건네면서 했다는 말, '혹시라도 선(線)이 끊어지면 적의 화살에 맞아 죽게 될 것'을 염려해 이런 총을 만들었다고 한 바로 그 선이 조재삼이 거론한 격화선일 텐데 조재삼은 선조를 말하지 않고 이순신을 이야기했다.

선조가 개발했다는 조총의 정체가 무엇이든, 이순신의 조총은 그야말로 생사를 넘나드는 전투 현장의 절실함이 빚어낸 결과물이었다. 이순신은 임진왜란 초기 조총에 왼쪽 어깨 관통상을 입었다. 1592년 5월 29일 일기에 그 내용이 있다.

군관 나대용이 탄환에 맞았다. 나도 왼쪽 어깨 위를 탄환에 맞았다. 등으로 뚫고 나갔으나 중상까지는 아니었다. 활꾼과 격군 중에서도 탄환에 맞은 사람이 또한 많았다.

전쟁이 발발하고 한 달 보름여 만에 이순신 자신도 어깨 관통상을 입으며 조총의 위력을 몸소 체감한 터였다. 그날에만도 많은 병사가 조총에 쓰러졌다.

이순신은 이처럼 전쟁 초기부터 조총과 맞닥뜨리면서 이게 전쟁의 게임체인저가 될 것으로 판단하고, 조총 개발의 필요성을 절실히 깨닫고 있었다. 이순신은 이때 자신의 휘하에 조총 개발팀을 조직했을 게다.

이순신의 조총 개발팀은 위에서 언급한 「화포(조총)를 봉해 올리는 일을 임금께 보고하는 장계」에 등장하는 군관 정사준, 대장장이 낙안 수군 이필종, 순천 사노비 안성, 김해 절 노비 동지, 거제 절 노비 언복

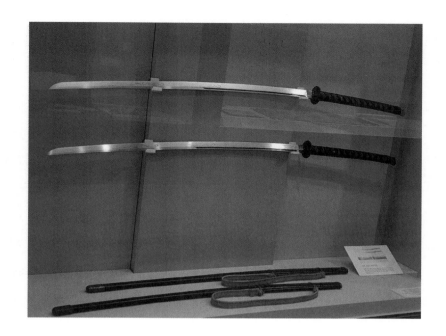

등 5명이었던 것으로 보인다. 이들 중 4명이 대장장이였으며, 그중 3명은 노비였다.

팀장 격인 정사준(鄭思竣, 1553~?)은 지금의 전남 순천 출신으로 조총 개발 책임 이외에도 이순신 휘하에서 수많은 공을 세웠다고 전하는 인물이다. 거제 절 노비 언복은 칼을 만드는 대장장이였다. 그의 환도 제작 솜씨가 매우 뛰어났던 모양인지 이순신은 그를 가까이 두고서 환도 제작에도 참여시켰다. 『난중일기』 (1595년 7월 21일)에 보면, "태구련과 언복이 만든 환도를 충청수사와 두 조방장이 있는 곳에 각각 한 자루씩 보냈다"는 대목이 있다.

현충사 충무공 이순신기념관 전시실에 전시중인 장군의 장검 두 자루. 1594년 4월 태구련, 이무생 등 대장장이들이 만들어 바친 칼이다. 길이가 197.5센티이고 무게는 4킬로그램이 넘는다.

조총 개발 과정에 참여한 대장장이가 원래는 칼 제작 전문가였다는 점이 흥미롭다. 군대의 주요 무기가 칼에서 조총으로 바뀌는 과정에서 대장장이가 결정적 역할을 한 것인데 이는 일본에서도 마찬가지였다. 임진왜란의 원인 중 하나가 된 일본의 조총 개발에도 사무라이용 칼을 만들던 대장장이들이 참여했다. 일본 남쪽의 섬 다네가시마(種子島)에서는 1543년 포르투갈 조총을 넘겨받아 1년여의 고투 끝에 새로 만들어내는 데 성공했다. 이게 일본 조총의 시초인데, 그 주역이 다네가시마에서 칼을 만들던 대장장이였다.

전쟁 발발 전, 선조가 진도 군수이던 이순신을 품계를 뛰어넘어 전라좌수사에 제수한 것은 1591년 2월 13일이었다. 그러자 며칠 뒤 사간원에서 들고일어났다. "전라좌수사 이순신은 현감으로서 아직 군수에 부임하지도 않았는데 좌수사에 초수(超授)하시니 그것이 인재가 모자란 탓이기는 하지만 관작의 남용이 이보다 심할 수 없다"면서 교체하라고 요청한 거였다. 선조는 이 사간원의 요청을 거부했다. 이게 '신의 한 수'였다.

이순신이 책임을 맡은 전라좌수영 지역은 요즘으로 치면 전남 순천시, 여수시, 광양시, 고흥군, 보성군 일대였다. 전라도 동쪽 해안가인데 좌수영이라 한 것은 서울에서 임금이 보았을 때 왼쪽이기 때문이다.

전라좌수영은 왜군측에서 보면 반드시 넘어야 할

물길이었다. 육로로 빠르게 북상하는 주력군을 지원하기 위해서는 보충병과 각종 보급품을 실은 선박들이 남해를 통과해 서해안을 따라 한강이나 대동강까지 이동해야 했다. 하지만 계획대로 되지 않았다. 경상도 바닷길은 쉽사리 장악했는데 이순신이 버틴 전라도를 넘지 못해 애를 먹었고, 이게 결국은 명나라 참전과 우리 의병이 일어설 수 있는 시간까지 벌어주었다.

이순신은 아무런 대책 없이 전쟁을 맞은 게 아니었다. 임진왜란이 발발하기 불과 1년 2개월 전에 전라 좌수사를 맡았으면서도 대비태세는 몇 년 동안 해야 가능할 만큼 많이 갖추었다. 이순신의 그 1년 2개월이 전쟁에서 조선을 구하는 준비 기간이었다. 『난중일기』를 보면 이순신은 맡은 일에 온 힘을 다했다.

우리가 흔히 아는 『난중일기』는 1592년 1월 1일부터 시작한다. 설날인 이날 병마절도사의 군관이 와서 설 선물과 함께 장전(長箭)과 편전(片箭) 등 여러 물건을 바쳤다고 썼다. 화살인 장전과 편전은 당시 조선군의 대표적인 전투용 무기였다. 새해 첫날 인사를 오면서 무기를 가져왔다는 것은 이순신이 평소 군수물자 확충에 그만큼 관심이 컸다는 얘기다.

본인은 물론이고 각 진영 군사들의 활쏘기 훈련에도 특별한 관심을 기울였다. 군수물자 관리도 철저했다. 이순신은 부하들이 맡은 일을 소홀히 해서 문제가 생기는 경우 엄하게 벌했다.

전쟁 3개월 전, 1592년 1월 16일 일기에는 여러 내용이 담겼다.

방답의 병선(兵船) 담당 군관과 색리들이 병선의 낡고 잘못된 것을 고치지 않았기에 장(杖)에 처했다. …… 성(城) 아래 사는 토병(土兵) 박몽세가 석수(石手)로 선생원의 쇠사슬 설치할 돌을 뜨는 곳에 갔다가 근처에 사는 사람의 강아지에게 해를 끼쳤기에, 장(杖) 80에 처했다.

낡은 군선을 수리하지 않은 책임자들에게 몽둥이로 때리는 처벌을 내렸다는 내용이다. 이런 경우는 전쟁이 터지기까지는 물론이고 전쟁 중에도 여러 번 나온다. 2월 19일부터는 각 진영을 돌면서 점검했다. 그 순시중에 문제가 드러나면 처벌하고 고치도록 했다.

새로 쌓은 포갱(浦坑)이 허물어져 석수 등을 벌주었다(2월 15일), 각 항목의 전쟁 준비에 탈 난 곳이 많았다, 군관과 색리들의 죄를 처벌했다(2월 25일), 활과 갑옷, 투구, 화살통, 환도는 깨지고 훼손된 물건이 많아 죄를 따졌다(3월 6일) 등이다. 2월 25일의 표현처럼 이순신은 전쟁 준비에 틈이 생기지 않도록 애쓰고 있었다.

누구도 생각하기 어려운, 뱃길에 쇠사슬을 설치하기 위한 작업도 진행하고 있었다. 쇠사슬은 바다 물길

아래로 쇠사슬을 설치해 적선의 통과를 막기 위한 장
치로 보인다. 쇠사슬을 만드는 작업에는 이순신 휘하
의 대장장이들이 동원되었을 게 분명하다. 쇠사슬은
끊어지면 안 되기에 대장장이들이 무척 공을 들여 단
단하게 만들었을 테다. 쇠사슬이 설치된 건 3월 27일
로 전쟁 보름 전이다. 이순신은 이때 쇠사슬 설치 작
업을 직접 나서서 감독했다.

충남 아산시 음봉면
어라산 기슭의 이순
신 장군 묘소. 부인
과의 합장묘이다. 어
떤 할머니가 상석(床
石) 위에 물을 올려
놓고 장군의 묘에 절
하고 있다.

다시 1월 16일 일기. 여기서 한 가지 흥미로운 사실
이 눈에 띈다. 강아지(狗子)에게 해를 끼친 석공에게
장 80대의 몽둥이찜질을 했다는 얘기다. 그 석공이
강아지를 어떻게 했는지는 구체적으로 적혀 있지 않

지만, 강아지 주인이 민원을 제기했던 모양이다. 이순신은 병사들이 이웃 민가에 피해를 주지 않도록 엄하게 다루었던 듯하다.

이순신은 평시인데도 유성룡 등 생각이 통하는 사람과 전투 방법에 대하여 자주 상의했다. 3월 5일에는, 좌의정 유성룡이 『증손전수방략(增損戰守方略)』이라는 책을 보내왔는데 여기에 수전(水戰), 육전(陸戰), 화공법(火攻法) 등에 관한 전술을 일일이 설명했다면서 참으로 만고에 뛰어난 이론이라고 썼다.

이순신은 늘 적의 위치에서 각 진영의 형세를 살폈으며, 전라우수영 등 옆 부대와의 유기적인 협조체계를 구축하는 데도 힘을 쏟았다. 특히 거북선을 완성하기 위하여 애를 썼다. 2월 8일, 거북선에 쓸 돛을 만들기 위하여 베 29필을 받았고, 3월 27일에는 거북선에서 포 쏘는 것을 시험했다. 4월 11일 거북선에 쓸 돛을 만들었다. 베 29필로 돛을 만드는 데 2개월이 넘게 걸렸다. 그 이튿날인 4월 12일, 거북선에서 지자포(地字砲)와 현자포(玄字砲)를 쏘았다. 바다 위를 빠르게 오갈 수 있으면서도 파괴력 넘치는 무장을 갖춘 거북선이 드디어 완성된 거다. 물론 이때 거북선 제조에는 수많은 대장장이와 목수들이 참여했을 테다.

거북선 완성 사흘 뒤인 1592년 4월 15일, 이순신은 왜선 수백 척이 부산 앞바다에 진을 쳤다는 경상우수사 원균의 전통(傳通)을 받았다. 이순신은 1598년

11월 19일 노량해전에서 도망치는 적을 뒤쫓다 총탄에 맞아 전사했다. 이순신은 이때까지 무려 400여 차례의 해전을 치렀는데, 단 한 번도 패한 적이 없다. 이순신이 노량해전에서 숨을 거둔 그날 선조는 유성룡을 파직했다.

이순신이 그렇게 스러진 지, 이순신과 대장장이들의 조총 개발의 공(功)이 어디론가 사라진 지 30여 년. 조선은 다시 도륙의 참화를 입었다. 1627년 정묘호란과 1636년 병자호란이다.

19.
조총을 만든
일본의 대장장이

16세기와 21세기의 과학기술이 공존하는 곳이 있다. 일본 남쪽의 작은 섬 다네가시마에 있는 전시관 두 곳을 가면 500년 세월을 타임머신 타듯 한꺼번에 오 갈 수 있다.

하나는 1543년 포르투갈 사람에게 조총을 사들인 뒤 이를 자체 제작하는 데 성공한 일을 기념해 설립 한 '다네가시마 박물관'이고, 다른 하나는 일본의 우 주 기술이 집약된 '다네가시마 우주센터'이다. 다네가 시마 우주센터에는 우주과학기술관이 있어 관람객들 이 일본 우주개발의 역사와 미래를 다양한 방식으로 살펴볼 수 있다. 그곳, 다네가시마를 2023년 5월 직접 찾아가보았다.

다네가시마 박물관은 철포관(鐵砲館)이라고도 한 다. 일본에서는 우리가 말하는 조총을 철포(鐵砲), 또 는 화승총(火繩銃)이라고 쓴다. 일본 조총의 발상지

다네가시마에 현대 최첨단 기술의 상징인 우주센터가 들어선 것은 기막힌 우연이 아닐 수 없다.

철포관과 우주센터, 이 두 가지로 하여 다네가시마는 칼의 시대에서 조총의 시대로 넘어가는 변혁의 출발점이자 우주로 나아가는 일본 미래 기술력의 상징 공간이 되었다.

칼을 쓰던 무사들이 조총을 갖게 되었다는 건 싸움의 승패를 따질 필요조차 없게 되었다는 의미나 마찬가지다. 칼이 총을 이길 수는 없는 노릇이다. 조총 즉 철포(鐵砲)는 일본어로 'てっぽう(텟포)'라고 읽는다. 흔히들 앞뒤 가리지 않고 막무가내인 경우를 무데

대장장이 아이타 동상. 1993년, 철포 전래 450주년을 기념해 다네가시마 라이온스클럽에서 세웠다. 건너편이 니시노오모테항이다.

뽀(無鐵砲, 무텟포)라고 하는데 총도 없이 막 덤빈다는 뜻이다. 우리가 무심코 쓰는 무데뽀라는 말의 연원을 찾다보면 결국은 다네가시마에 닿는다.

다네가시마에서 조총을 처음으로 만든 건 그곳에서 칼을 제작하던 대장장이 야이타 긴베에 기요사다(八板金兵衛淸定)였다. 야이타는 다네가시마의 도주(島主) 다네가시마 도키타카(種子島時堯) 밑에서 사무라이용 칼을 만들던 대장장이였다. 야이타의 신분을 일본 현지에서는 도단야(刀鍛冶), 도장(刀匠), 철장(鐵匠) 등 대장장이를 일컫는 여러 표현으로 적는다.

1543년 8월 25일 다네가시마에 표류선 한 척이 당도했다. 중국 닝보(寧波)에서 출항한 배였는데 태풍을 만나 표류하다가 이곳까지 온 거였다. 이 배에 포르투갈 사람 2명이 타고 있었다. 이들이 일본에 온 최초의 유럽인이었다고 한다.

표류선이 왔다는 보고를 받은 16세의 젊은 도주 다네가시마 도키타카는 포르투갈 사람들에게서 조총 두 자루를 사들였다. 당시 돈으로 2천 냥을 줬다고 한다. 2천 냥을 지금 가치로 환산하면 1억 엔이 넘는 거금이라고 다네가시마 박물관의 해설사 야나기타 아키코씨는 말했다.

다네가시마 도키타카가 거금을 들여 포르투갈 조총을 구입한 건 그 총의 위력을 실감했기 때문이다. 포르투갈 조총은 정확도와 파괴력에서 그동안 볼 수 없던 무기였다. 도키타카는 자신의 막하에 있는 대장장이 야이타에게 이 총을 복제할 것을 명했다.

다네가시마에 조총이 들어온 내력과 새로 만들어지기까지의 과정, 그리고 일본 전역으로 전파된 경위 등이 『철포기(鐵砲記)』라는 책에 자세히 실려 있다. 『철포기』는 포르투갈 조총을 처음 사들인 도키타카의 아들 히사토키(久時)가 1606년에 펴낸 것이다. 다네가시마 개발종합센터에서는 이 책의 영인본에 연표 등 보완 자료를 붙여 『향토사료집 철포기』라는 책자를 만들어 철포관에서 판매하고 있다.

『철포기』 내용을 뼈대로 하여 야이타가 포르투갈 조총을 본 뒤 새로운 조총을 만들어내기까지의 과정이 다네가시마에서는 전설처럼 전해진다. 여기에 효녀 심청 같은 야이타의 딸이 등장한다.

야이타는 포르투갈 조총을 분해해 연구에 몰두했다. 그러나 1년여가 지날 때까지도 실패만 거듭했다. 화약을 장전해 터트리게 되면 폭발의 힘으로 격발장치까지 망가지는 문제가 자꾸 생겼다. 포르투갈 조총에는 그 장치가 나사산으로 되어 있었는데, 나사산을 파는 기술에서 벽에 부닥쳤다.

그때 다시 포르투갈 상인들이 다네가시마에 왔다. 대장장이 야이타가 그들에게 고민을 털어놓자, 포르투갈 상인은 그 기술을 가르쳐주겠다면서 야이타의 딸과 결혼시켜달라는 조건을 내밀었다.

그 얘기를 들은 딸 와카사(若狹)가 선뜻 포르투갈 사람과 결혼하겠다고 나섰다. 아버지의 고충을 너무나 잘 알고 있었기 때문이다. 야이타는 딸을 포르투갈로 시집보내는 대가로 조총 제작기술을 배웠다.

이 와카사 이야기에 색다른 내용이 하나 보태지기도 했다. 포르투갈로 시집간 와카사가 얼마 뒤 남편과 함께 친정 나들이를 했다. 그런데 와카사가 갑자기 몸져누웠고 며칠 안 되어 세상을 뜨고 말았다. 야이타는 딸의 장례를 치렀고 포르투갈 신랑은 혼자서 돌아가야 했다. 그런데 이 와카사의 죽음이 거짓이었다는 게 이 동네에 전해지는 또하나의 전설이다. 포르투갈

대장장이 야이타의 딸 와카사 묘소. 소 철나무 둥치가 그 무덤이다.

대장간 이야기

로 돌아가기 싫었던 와카사가 집안 식구들과 짜고 자신이 죽은 것처럼 꾸몄다는 거다.

철포관에서 그리 멀지 않은 언덕 위에 니시노오모테(西之表) 공동묘지가 있다. 이곳에 와카사가 잠들어 있는데, 그녀의 묘소는 니시노오모테시에서 문화재로 관리하고 있다. 묘소에는 큼지막한 '충효비(忠孝碑)'가 세워져 있고, 와카사의 이야기를 알리는 안내판, 그녀와 관련한 노래비, 연극 공연 기념비 등 여러 기념 석물이 함께 서 있다.

와카사의 무덤은 작은 돌덩이를 얹어놓은 대신에 듬직한 소철(蘇鐵)이 감싸고 있다. 무덤을 지키는 나무 이름에까지 쇠(鐵)가 들어가 있다는 게 참으로 공교롭다.

와카사 묘소에는 그녀가 이역만리 포르투갈에서 달을 보나 해를 보나, 고향땅과 부모님을 떠올리며 읊었다는 짤막한 시를 새긴 기념비가 서 있다. 와카사는 포르투갈에서 향수병으로 무척 고생한 듯하다. 얼마나 심했던지 거짓 죽음의 꾀를 써서라도 포르투갈에는 돌아가고 싶지 않았던 거다.

와카사 묘소에는 또 일본의 유명한 역사소설가 가이온지 조고로(海音寺潮五郎, 1901~1977)가 묘지를 직접 찾아 읊었다는 시비도 있다.

슬프다 여기, 와카사의 묘인가 // 백사의 앝은 봉우리 일본 조총의 탄생에는 젊은 도주의 명석한 판단과 이를 뒷받침할 재력, 그리고 대장장이 야이타의 기술과 그의 딸 와카사의 헌신이 있었다. 와카사는 여러 장르의 예술로 다시 태어났다. 그 예술 속 와카사는 500년의 세월을 넘어 사람들의 심금을 울리고 있다. 다네가시마에는 와카사라는 이름이 들어간 버스회사도 있다. 이 회사 버스 바깥에는 와카사 타이틀을 크게 써붙였다.

다네가시마에서 시작된 일본의 조총은 금세 전국으로 퍼져나갔다. 그야말로 군웅할거의 땅 일본에서 힘의 균형추도 빠르게 움직였다. 계속 칼을 쥔 자는 망했고, 새로 나온 총을 든 자는 흥했다.

다네가시마 조총은 일본 안에서만 보급된 게 아니었다. 대마도 등지를 무대로 활동하는 해적들에게도 들어갔다. 조총을 손에 넣은 해적들은 제주도 등 우리나라 땅까지 넘나들며 약탈했다.

『명종실록』(1552년 6월 3일)을 보면, 제주 목사가 임금에게 올린 보고서가 실렸다. "왜적들이 험하고 견고한 벽을 점거해 방패를 둘러 세우고 철환(鐵丸)을 마구 쏘면서 굳게 지키며 나오지 않고 있다"는 내용이다. 야이타가 조총을 만든 지 10년이 채 안 되어 그 총으로 무장한 왜적(해적)들이 제주도를 침략한 거였다. 그때 조선 정부에서는 그 철환의 파괴력을 충분히 알고 있었다.

그리고 3년 후, 『명종실록』(1555년 5월 21일)에는 조총을 갖춰 들고 조선에 귀화하기를 청하는 일본인이 있었다고 기록되어 있다.

일본(日本) 왜인(倭人) 평장친(平長親)이 가지고 온 총통(銃筒)이 지극히 정교하고 제조한 화약도 또한 맹렬합니다. 상을 내리지 않을 수 없으니, 바라건대 그의 원대로 당상의 직을 제수함이 어떻겠습니까.

비변사가 임금에게 아뢰었다. 임금은 그렇게 하라고 답했다. 일본인이 아예 조총과 화약을 바치며 조선에 귀화했다는 얘기다.

며칠 뒤에는 왜적의 침략에 시달리는 전라좌도 방어사 남치근이 불가(佛家)의 종을 부수어 총통을 만들자고 건의했다. 그러자 임금 명종은 "비록 불가의 종이긴 하나 오래된 물건을 경솔하게 부술 수는 없다"면서 반대했다. 이를 기록한 사관은 "절의 종을 부수어 병기에 충당하려고 하면, 오래된 물건이라고 핑계한다"고 임금의 태도를 비판했다.

또한 『명종실록』(1559년 6월 6일)에는 전라도에 출현한 왜선과 싸우던 우리 군관과 뱃사공이 철환에 맞아 즉사한 일과 왜적의 철환이 참나무 방패도 꿰뚫는 파괴력을 지녔다는 내용이 실렸다.

조총을 든 해적의 첫 침략에서 조선군 장교와 백성들의 사망 사건에 이르는 7년, 조총이 나라를 위협할 만한 요인이라고 깨닫고도 남을 시간이다. 이런 상황에서 우리 스스로 조총을 개량하여 더 낫게 만들어야 한다고 판단한 정책 결정권자는 없었다.

그 뒤로 30년, 1589년 임금 선조는 바로 앞 명종 때의 일은 전혀 안중에도 없었던지, 일본 사신 평의지가 조총을 가져와 바쳤는데 이를 제대로 살펴보지도 않고 군기시에 보관토록 지시했다. 그리고 3년 뒤 조총으로 무장한 일본군이 조선을 침략했다.

다시 일본의 다네가시마로 돌아가면, 그 서북쪽에 니시노오모테항이 있다. 시청이 자리하고 있어 다네가시마의 중심지라 할 수 있다. 항구 바로 옆 삼거리에 대장장이 야이타 동상이 서 있다. 1993년 '총포 전래 450년'을 기념해 다네가시마 라이온스클럽에서 세웠다. 앉은 채로 총신을 모루 위에 올려놓고 왼손으로 집게를 잡고 오른손에 망치를 든 대장장이와, 일어서서 해머를 들고 모루 위 총신을 내리치는 메질꾼의 모습을 형상화했다. 우리나라 대장간의 서열체계로 보자면, 아마도 앉아 있는 집게잡이 대장장이가 야이타일 테다.

야이타는 원래 칼을 잘 만들기로 유명한, 지금의 기후(岐阜)현 세키(關)시 출신이다. 다네가시마 도주가 자신의 사무라이들을 좋은 칼로 무장시키기 위해 실력

좋은 대장장이 야이타를 이곳까지 불러들인 거였다.

다네가시마 조총이 일본 각지에 빠르게 보급될 정도로 유명했던 데에는 야이타의 기술뿐만 아니라 이곳에서 제조한 화약 장인도 한몫했다. 철포관의 해설사 야나기타 아키코씨는 그 화약 장인의 이름이 다네카마라고 했는데, 당시 화약 제조와 관련한 자료는 남아 있지 않다는 것이었다. 총과 달리 화약 제조 비법을 문서로 남기지 않고 입으로만 전했기 때문이다.

야나기타씨는 다네가시마 철포가 생겨난 데에는 도주였던 다네가시마 도키타카와 그것을 만들어낸 대장장이 야이타, 그리고 화약 장인, 이렇게 세 명의 협업이 있었기에 가능했다고 강조했다. 셋 중 하나만 빠져도 철포는 나올 수 없었다는 거다.

철포관(뎃포칸)도 니시노오모테항 근처에 있다. 철포관 맞은편 언덕에는 왼쪽 옆구리에 칼을 차고 왼손에 조총을 든 다네가시마 도키타카의 동상이 니시노오모테 앞바다를 바라보며 우뚝 서 있다.

철포관에서는 포르투갈 사람이 가져왔다는 바로 그 조총과 야이타 대장장이가 처음 만들었다고 전해지는 조총, 그리고 다네가시마에서 건너가 16세기 중후반 일본 센고쿠(戰國) 시대를 사로잡은 조총의 실물도 보여주고 있다. 이들 세 자루의 조총은 특별 코너에 전시되어 있다. 빨강, 파랑, 녹색 보자기로 싼 단 위에 각각 올려져 있지만, 개인 소장품이라면서 사진 촬

영은 안 된다고 했다.

니시노오모테항 부근에는 '철포 대장간 마을'도 있
었다. 다네가시마 조총이 한창 일본 전역으로 퍼져나
갈 때 조총을 만들던 대장간이 60여 곳이나 몰려 있
었다고 한다. 그 터전임을 알리는 표지판과 표지석이
도로변에 서 있다.

니시노오모테 지역에 조총 대장간이 집단을 이룰
정도로 많았던 데에는 이 지역 토양의 특성이 반영되

었다. 이곳 바닷모래는 철 성분이 유난히 많아 사철(沙鐵)이라고 불렸다. 그래서 니시노오모테 해안가를 철이 많다고 하여 가네하마(鐵濱) 해안이라고도 한다. 여기서는 철광산을 깊숙이 파내려가지 않고서도 해안의 모래를 가져다 쇠를 뽑아낼 수 있었다. 조총을 제작하기 전부터도 이곳에는 칼을 만드는 대장간이 많았다.

이 해안의 모래에서 추출한 쇠로 만든 니시노오모테 조총은 일본 전역으로 빠르게 퍼졌다. 철포관 전시 코너에는 다네가시마 조총이 전국 각지로 전파된 상황판이나 다네가시마 조총을 사들여 그 지역에서 독자적으로 만든 조총들도 보인다. 사쓰마, 사카이, 구니토모, 히노, 기슈 등 15곳이나 된다.

그들 지역에는 아직도 조총과 관련한 이야기가 지명으로 남아 있어 500년 세월을 전하고 있다. 다네가시마에서 퍼져나간 15곳 중 하나인 사카이(堺)가 속한 오사카에 가면 조총을 생산한 대장간 마을이 있던 동네가 있다. 이곳은 여전히 '철포정(鐵砲町, 텟포초)'이라는 지명을 쓰고 있다.

다네가시마에서 조총을 만들던 대장장이들의 솜씨는 지금까지 이어지고 있을까. 칼을 만들고 총을 만들던 그들의 내력을 잇는 대장장이가 딱 한 명 남아 있다. 1967년생인 우메키 쇼지(梅木昌二)씨다. 그는 총을 다루지는 않고, 칼과 가위만 만든다. 대장간 이름은

자신의 성을 따서 '우메키 혼다네바사미 제작소(梅木
本種子鋏製作所)'이다.

다네가시마에 포르투갈 조총이 들어올 때 가위도
함께 왔다고 한다. 아마 조총을 생각보다 큰 금액에
팔다보니 포르투갈 사람들이 가위며 몇 가지 유럽 물
건들을 서비스로 내어줬을 것 같기는 하다.

이렇게 해서 포르투갈의 유럽식 가위가 일본에 상
륙하게 되었다. 그동안 일본에서 쓰던 가위보다 더 날

렵하고 가벼우면서도 잘 들었던 것으로 보인다. 이때 부터 다네가시마의 대장간에서는 조총과 함께 가위 도 만들게 되었다.

우메키 쇼지씨의 스승의 스승, 그 스승의 스승을 따라 올라가면 500년 전 야이타와 같이 총을 만들던 대장장이가 나온다. 우메키씨는 야이타의 동료 대장 장이 이름이 마키세 요시후미라고 했다. 그때부터 쳐 서 우메키씨가 38대 대장장이다.

다네가시마 대장간의 전통을 잇는 가위를 '혼다네 바사미'라고 한다. 혼(本)+다네가시마(種子島)+하사미 (鋏)를 줄여서 그렇게 부르는 거다. 한자로는 '本種子 鋏'이라고 쓴다. 이걸 더 줄여 '本種'이라고 한다. 우 리로 치면 원조 다네가시마 가위라는 얘기다. 다네가 시마에서도 이 혼다네바사미를 주물 방식이 아닌, 대 장간에서 직접 수작업으로 만드는 이는 우메키씨뿐이 다. 그는 예전부터 내려오던 원조라는 표시인 '本種' 이라 새긴 직인을 갖고 있다.

우메키씨는 혈육으로 이어져 내려온 대장장이는 아니다. 이곳 태생인 그는 젊어서 가나가와(神奈川)현 의 어느 금속가공 공장에 다녔다. 그러다 35세 때 도 회지보다는 시골이 좋다고 생각해 고향으로 돌아왔 는데 그때 대장간 일을 떠올렸다.

무작정 스승을 찾아가 일을 배우겠다고 했다. 스승 은 단칼에 거절했다. 후계자가 필요 없다는 거였다. 지

금 생각해보면 연로한 나이에 누구를 새로 가르친다
는 게 힘들기도 했겠고, 특히나 혼자서도 먹고살기 바
쁜 마당에 후계자 수업을 하게 되면 다만 얼마라도
주어야 할 터인데 그 돈을 마련하기가 쉽지 않았을
거다.

돈은 안 받아도 된다면서 일만 배우게 해달라고 졸
랐다. 한참 만에 "그럼 한번 만들어 와보라"고 했다.
기계를 다루던 터여서 나름대로 괜찮게 만들었는데
스승은 처다보지도 않았다. 그렇게 몇 차례가 지났을
때 스승은 제자로 받아주었다. 우메키씨는 다른 데서
아르바이트를 하면서 대장간 일을 배워야 했다.

이 소식을 들은 니시노오모테시에서는 우메키 쇼
지씨를 지원하고 나섰다. 아주 특별한 경우였다. 다네
가시마 명물인 가위와 칼 제작 솜씨가 끊길 위기에
처했는데 우메키씨가 스스로 잇겠다고 나섰으니 시에
서도 지원할 명분이 생긴 거였다. 시에서는 몇 년 동
안 생활비와 재료비 등을 지원했다.

배우는 게 쉽지만은 않았다. 스승이 만드는 걸
10년 넘게 지켜보기만 해야 했다. 48세가 되어서야
가위나 칼을 스승의 방식대로 혼자서 만들 수 있었다
고 한다. 2023년, 스승이 세상을 뜬 지 7년이 되는 시
점인데, 스승은 작고하기 1년 전에야 '그만하면 이제
되었다'는 오케이 사인을 내렸다고 한다. 제자는 스승
이 쓰던 대장간 도구들을 물려받아 지금까지 사용하

고 있다.

우메키씨의 대장간에서는 우리나라 대장간에서는 좀처럼 볼 수 없는 오래된 도구들을 아직도 사용하고 있다. 나무로 짜인 손풀무와 사각형의 모루다. 손으로 밀어서 바람을 내는 손풀무는 우리나라에서는 이제 박물관 같은 곳에나 가야 구경할 수 있다. 우리 대장간에서는 대체로 전기 송풍기를 쓰지만, 우메키씨의 대장간에서는 손풀무를 아직도 사용하고 있다. 물론 어디나 할 것 없이 전기 송풍기를 많이 쓰기는 하지만 손풀무를 써야 할 때도 있다. 우메키씨의 대장간 화로 바로 옆에 설치돼 있는 손풀무는 우리 대장간에

우메키씨가 아직도 사용하는 손풀무. 바로 옆 전기 송풍기도 함께 쓴다.

서 쓰던 옛 손풀무와 모양이 비슷했다. 우메키씨의 대장간에 놓인 모루도 요즘 우리 대장간에서 주로 쓰는 양모루가 아니다. 사각형의 우리 전통 모루와 같은 형태다. 하도 많이 써서 그런지 모루 윗면 한쪽이 주저앉았다. 500년 대장장이 전통을 잇고 있다는 우메키씨의 대장간에 있는 손풀무와 모루만 보더라도 그 오랜 역사를 한눈에 알아볼 수 있다.

예전에 다네가시마에서 만드는 가위, 즉 혼다네바사미의 인기는 일본에서 최고였다. 수년 전 NHK(일본방송협회) 드라마에 혼다네바사미가 소재로 오른 적이 있는데, 그때 혼다네바사미 소품을 우메키씨가 만들어주었다.

다네가시마 총포 전래 480년이 되는 2023년에는 해마다 열던 전국철포축제의 규모를 키워 역대 최대 규모로 치르는 모양이다. 다네가시마 화승총(철포) 보존회의 부사무국장인 마쓰다 마나부(松田學)씨는 "코로나도 끝나고 해서 올해는 전국 12개 화승총 보존 단체에서 모두 모이게 될 것"이라며 "각 단체마다 고유의 총포를 가져와 대회를 치르게 되는데 올해가 최대 축제가 될 수 있도록 꾸밀 것"이라고 말했다.

다네가시마 지형을 보면 폭은 좁고 남북으로 기다랗게 되어 있는데, 그 남동쪽에 다네가시마 우주센터가 자리하고 있다. 일본의 우주 로켓은 모두 이곳에서 발사된다.

이 우주센터는 1543년 포르투갈 사람들이 탄 배가
표류해온 곳과 가깝다. 우주센터 내 우주과학기술관
에는 전국에서 찾아오는 관람객이 끊이지 않는다. 일
본 첨단 기술력의 상징과도 같은 이곳에서 일본인으
로서의 자부심을 몸소 확인하기 위해서다. 500년 전
에는 다네가시마 대장장이들이 만든 조총이 일본 전
역으로 퍼져나갔는데, 지금 21세기에는 일본 최첨단
기술을 직접 구경하기 위해 전국에서 다네가시마로
몰려든다.

20.
대장장이와 노비,
그리고 그 이름들

우리 역사에서 노비 출신 대장장이로 가장 높은 관직에 오른 이는 장영실이다. 장영실은 역대 최고의 성군으로 꼽히는 세종대왕과 공동 프로젝트를 수행한 임금의 파트너였다. 세종이 있어 장영실이 있었고, 장영실이 있었기에 세종이 세종일 수 있었다.

장영실은 경상도 동래현의 관노 출신으로, 아버지는 귀화한 중국인이고 어머니는 기생이었다. 어릴 적부터 각종 도구 만지기를 좋아했다고 한다. 망가진 병장기며 농기구를 멀쩡하게 고쳐냈다. 대장장이 기질을 타고난 거였다. 그런 장영실의 재주가 서울에까지 알려져 태종 때에 궁중에서 기술자로 일하게 되었고 세종 때에는 왕의 특명으로 벼슬길에 오를 수 있었다.

『세종실록』(1433년 9월 16일)에 세종이 물시계를 만들어낸 장영실을 어떻게 바라보았는지를 보여주는 대목이 있다.

행사직(行司直) 장영실(蔣英實)은 그 아비가 본래 원나라의 소주·항주 사람이고, 어미는 기생이었는데, 공교(工巧)한 솜씨가 보통 사람에 뛰어나므로 태종께서 보호하시었고, 나도 역시 이를 아낀다. 임인·계묘년 무렵에 상의원(尙衣院) 별좌(別坐)를 시키고자 하여 이조판서 허조와 병조판서 조말생에게 의논하였더니, 허조는 '기생의 소생을 상의원에 임용할 수 없다'고 하고, 말생은 '이런 무리는 상의원에 더욱 적합하다'고 하여, 두 의논이 일치되지 아니하므로 내가 굳이 하지 못하였다가 그 뒤에 다시 대신들에게 의논한즉 유정현 등이 '상의원에 임명할 수 있다'고 하기에 내가 그대로 따라서 별좌에 임명하였다. 영실의 사람됨이 비단 공교한 솜씨만 있는 것이 아니라 성질이 똑똑하기가 보통에 뛰어나서 매양 강무할 때에는 내 곁에 가까이 두고 내시를 대신하여 명을 전하기도 하였다. 그러나 어찌 이것을 공이라고 하겠는가. 이제 자격궁루(自擊宮漏, 물시계)를 만들었는데 비록 나의 가르침을 받아서 하였지마는, 만약 이 사람이 아니었더라면 암만해도 만들어내지 못했을 것이다. 내가 들으니 원나라 순제(順帝) 때에 저절로 치는 물시계가 있었다 하나, 그러나 만듦새의 정교함이 아마도 영실의 정밀함에는 미치지 못하였을 것이다. 만대에 이어 전할 기물을 능히 만들었으니 그 공이 작지 아니하므로 호군(護軍)의 관직을 더해주고자 한다.

이 글에서 많은 걸 읽어낼 수 있다. 물시계인 자격
루 발명의 일등공신이 장영실임을 임금 세종이 직접
나서서 밝히고 있다. 세종은 그 대가로 특별 승진의
영예를 주었다. 자격루가 중국에 있던 물시계보다 훨
씬 뛰어나다는 점도 새삼 강조했다.

세종은 장영실을 일반 기술자로 대우한 게 아니라
아주 은밀한 얘기까지도 전달하는 내시처럼 가까이
두기도 했다. 그러면서 둘은 서로의 관심사를 깊이 이
해하는 사이가 되었을 테다.

조선시대 관료 사회의 벽은 높았다. 장영실은 어머
니가 기생이었다는 이유로 벼슬길에 오르기가 만만치
않았다. 임금도 어쩌지 못할 만큼 반대가 거셌던 거

다. 일찍부터 장영실의 재주를 알아보고 벼슬을 주고
싶었던 세종조차도 임용 반대파의 의견에 막혀 본인
의 생각을 관철하지 못할 때도 있었다.

　장영실이 살았던 때, 노비 신분 판정은 '종모법(從
母法)'과 '일천즉천(一賤則賤)'의 원칙에 따라 이루어졌
다. 종모법은 남자 종과 여자 종 사이에서 태어난 아
이의 소유권은 모친인 여자 종을 소유한 사람이 갖는
다는 규범이다. 일천즉천은 아비나 어미 어느 한쪽이
라도 천민 즉 노비이면 그 사이에서 난 아이는 노비가
된다는 거다.

　이 둘을 장영실에게 맞추어보면, 모친이 동래현에

복원된 경복궁 흠경
각. 1438년 세종의
명으로 장영실이 지
었다.

속한 기생이었으니 장영실은 나면서부터 저절로 천민이 될 수밖에 없고 그 소유권 또한 동래현에 귀속되었다.

세종이 동래현의 관노 출신인 대장장이 장영실을 얼마나 끔찍이 아꼈는지는 이긍익(1736~1806)의 『연려실기술』에 잘 드러나 있다.

여러 기술자도 임금의 뜻을 헤아리는 자 없었고, 다만 호군 장영실이 임금의 지혜를 받들어서 기교한 방법을 운용하여 부합하지 않는 것이 없었으므로 세종이 그를 심히 중히 여겼다.

그러면서 이긍익은 장영실을 일러 "임금의 훌륭한 제작을 위하여 시대에 응해서 난 인재라 했다"는 세간의 평가까지 덧붙였다.

장영실은 태종 때부터 왕실에서 일했는데 세종이 등극하면서 그의 자질이 제대로 빛날 수 있었다. 장영실은 시간을 알려주는 물시계인 자격루와 천체의 운행을 관측하는 혼천의(渾天儀), 그리고 이 둘을 합친 다목적 시계인 옥루(玉漏)도 개발했다.

세종이 '만대에 이어 전할 기물'이라고 치켜세운 자격루는 과학적 방법으로 정확하게 측정한 시간을 백성에게 알려주는 역할을 했다. 경복궁 자격루에서 잰 시간에 따라 종, 북, 징을 치면 광화문과 의금부, 그리

국립고궁박물관에
전시중인 자격루의
각 부품들. 자격루의
작동 원리를 설명하
는 공간이다.

고 도성 안 곳곳에 설치된 전루소(傳漏所)를 통해 신
호를 전달했다. 이를 받아 보신각 종루에서 종을 쳐
시간을 알렸다. 밤 10시에는 28번의 종을 쳐서 성문
을 닫았다. 통행금지 알림이었다. 이를 인정(人定)이라
했다. 새벽 4시가 되면 33번의 종을 쳤다. 통행금지
해제였다. 이를 파루(罷漏)라 했다.

인정에 28번 종을 치는 것은 우주 일월성신(日月星
辰)의 별자리 28수(宿)에 밤사이의 안녕을 기원하는
차원이었으며, 파루에 33번을 치는 건 불교의 불법을
지키는 제석천(帝釋天)이 이끄는 하늘의 33천(天)에
게 나라의 태평과 백성의 평안을 바라는 뜻이었다고

한다.

장영실은 금속활자인 갑인자를 만드는 데 참여하기도 했으며 국가적 중대사인 하천 수위를 재는 수표(水標)를 만들기도 했다. 이 수표는 청계천 마전교 서쪽과 한강변에 설치했다.

그러나 장영실은 1442년 3월 자신이 책임을 맡아 제작한 임금의 가마가 부서지는 사고가 나는 바람에 탄핵·파면되었다. 그 뒤로 장영실은 역사 무대에서 사라지고 말았다.

누구는 조선을 양반의 사회였다고 말하지만, 그 실상을 따지자면 조선은 노비의 사회였다. 양반이 없더라도 그 나머지 사람들은 먹고사는 데 지장이 없었겠지만, 노비가 없었다면 양반들은 굶어죽을 수밖에 없는 처지였다. 노비는 그만큼 다양한 분야에서 노동력을 제공함으로써 사회를 떠받치는 기둥 같은 존재였다.

조선시대에 가장 높은 인구 분포를 차지했던 노비의 역사도 참으로 오래되었다. 우리나라 최초의 법으로 일컬어지는 '8조 법금(八條法禁)'에도 노비 이야기가 있다. 그 조항 중 하나인 '남의 물건을 훔친 자는 데려다 노비로 삼는다'는 데에 비춰보면 노비제도는 고조선시대로 거슬러올라간다. 고조선 때부터 있던 노비제도가 조선에 와서 절정을 맞았으며, 우여곡절 끝에 조선 말기에는 노비제가 사라지는 결과로 이어졌다.

노비들이 모두 대장장이였던 건 아니지만 대장장이 중에는 노비인 경우가 많았다. 임진왜란 당시 이순신 장군이 조총을 개발할 때 참여했던 대장장이 4명 중에서 3명이 노비였다. 그중 절 노비가 2명이었고, 사노비가 1명이었다.

기술 직종이었던 대장장이는 노비 중에서 맡기도 했고, 일반 양민(良民) 중에도 있었다.

노비와 양반의 관계, 그리고 대장장이들이 양반가에 어떠한 일을 해주었는지는 오희문(吳希文, 1539~1613)의 9년 3개월에 걸친 일기인 『쇄미록』에 자세하다.

『쇄미록』에는 대장장이가 풀무쟁이로도, 수철장(水鐵匠)으로도 나온다. 그 이름도 조원희 또는 조언희인데 아마 같은 인물을 잘못 적은 경우일 테다. 이 대장장이는 관청의 명을 받아가며 일했던 것으로 보인다. 오희문의 집에 농기구와 솥을 가져다주었는데 이게 관청의 명이라고 했다.

예를 들어, 1597년 7월 11일 일기에는 "풀무쟁이 조원희가 관청 명으로 농기를 만들어 가져오고, 또 목미 3두를 가져왔기에 소주를 대접하고, 또 고등어 1마리를 주었다"고 썼다. 오희문은 농기구를 가져온 대장장이에게 먹을 걸 주면서 고마운 마음을 표했다. 관청의 명을 받아서 농기구를 만들었다고는 하지만 그게 고마워 집에 있는 술을 대접하고 생선을 주어

보답한 거였다.

어떤 때는 농기구 쓸 시기를 대장장이가 놓치는 바람에 그를 원망하는 대목도 있다. 물론 3년 전 고등어를 주어 보냈던 그 대장장이인지는 알 수 없다. 1600년 5월 11일 일기에는 "수철장이 농기를 이제 비로소 만들어 보냈다. 그야말로 이른바 잔치 끝난 뒤에 장구 치는 격이다. 밭 가는 것이 이제 끝났으니 비록 농기를 얻었으나 쓸 곳이 없다. 필경 내년 봄을 기다려 써야겠다"고 했다.

이때 대장장이가 만들어 보낸 농기구는 밭을 가는 데 쓰는 쟁기나 쟁기의 부속품인 보습이 아니었을까 싶다. 1년에 한 번, 밭을 갈 때 쓰는 농기구는 쟁기밖에 없기 때문이다. 오희문은 대장장이가 농기구를 만들어 보내기 1주일 전에 남의 집에서 소 2마리를 빌려다가 밭을 갈았다고 했다. 소를 빌리면서 겨리쟁기도 같이 빌렸을 테다. 소 2마리가 끄는 쟁기를 겨리라 하고 1마리가 끄는 쟁기는 호리라고 한다.

오희문은 한때 중앙부처 중 토목사업과 건축·보수 등의 일을 담당하던 선공감(繕工監)의 감역(監役)을 지내기도 했는데, 그 선공감에는 대장장이도 많았다. 조선의 최고 통치 규범인『경국대전』에 나와 있는 선공감 소속 장인들의 부류와 그 숫자를 보면 대장장이 직종은 상대적으로 많은 인력을 배정받았다. 토목과 건축 분야에 그만큼 대장장이 일이 많았다는 얘기다.

선공감 소속 장인의 부류는 총 스물하나였다. 그중 가장 많은 인력을 보유한 직종이 나무를 다루는 목장(木匠)으로 60명이었다. 그다음이 돌을 다루는 석장(石匠)과 대장장이인 야장(冶匠)이었는데 각각 40명씩 배치되어 있었다. 가장 적은 것은 아교장(阿膠匠)으로 2명이었다. 각 분야의 장인들이 소속되어 있던 선공감에서 일한 오희문은 누구보다 대장장이 일을 잘 이해하고 있었다.

오희문은 자신을 위해 오래 일한 노비가 죽었을 때 관(棺)을 마련해 매장하고 제사를 지내는 예를 보이기도 했다. 1595년 12월 일기에는 죽은 노비를 위해 관을 사 매장하고 제를 지냈다는 이야기가 실렸다.

그 일기에는 당시 관과 관에 박을 못의 거래 가격까지도 적혀 있다. 관을 사기 위해 정목(正木, 품질 좋은 베) 반 필과 쌀 3두를 냈다. "벼 2두를 가지고 풀무장이에게 가서 관에 쓸 못을 사오게 했다"는 구절도 있다. 물론 쌀과 벼의 차이가 크지만, 당시 식량이 귀하던 전쟁 통에 벼 2두면 그리 적지 않은 양이다. 1두(斗)는 1말이다. 액체로 치면 1말이 18리터쯤 된다. 관을 덮는 데 들어가는 못의 양이 많았던 모양인데, 그걸 사느라 벼 2말을 들였다. 당시 동네에 있던 대장간에서는 못을 만들어 팔기도 했던 듯하다.

오희문보다 100년 정도 후인 윤이후(1636~1699)의 『지암일기』를 보면, 남의 집에서 일하는 대장장이 노비를 데려다 일을 시키는 장면이 종종 눈에 띈다.

"전부(典簿) 댁의 야노(冶奴) 말질금(末叱金)이 와서 새집의 철물을 만들기 시작했다"(1692년 7월 23일), "야장(冶匠) 말질금이 사당 창호에 철물 다는 일을 시작했다"(1694년 11월 18일)는 등의 얘기가 일기에 등장한다. 이 두 사례에 나오는 대장장이 말질금은 같은 인물로 보이는데, 어떤 때는 그 이름 앞에 '야노'라 썼고 어떤 날에는 '야장'이라고 적었다.

윤이후는 집에서 부리는 노비가 여럿 있었다. 하지만 그들 중에는 대장간 일을 할 줄 아는 노비가 없어서 다른 집에서 데려와 철물 다는 일을 시켰던 모양이다.

대장장이 노비 말질금(末叱金). 듣기에 그 이름이 참 묘하다. 우리가 아는 성씨 중에 말(末)씨가 있는 것도 아니지 않은가. 그렇다면 노비들은 성은 없고 이름만 있었다는 건가. 노비들은 이름에 성을 붙이는 일이 흔하지는 않았으며 한자 이름이 아니라 한글 이름을 가진 경우가 많았다. 그 한글 이름을 노비를 소유한 양반들이 한자로 옮기면서 엉뚱한 이름으로 바꾸고는 했다.

말질금의 원래 이름은 끝쇠였다고 봐야 한다. 마당쇠나 돌쇠처럼 말이다. 끝을 의미하는 한자어 말(末)에다 사이시옷(ㅅ)의 대용으로 질(叱) 자를 넣고, 쇠를 뜻하는 금(金)으로 바꿔서 쓴 거다. 이렇게 하면 끝쇠는 말질금이 된다. 비슷한 예로, 붓덕이 있다. 노비 이름을 붓덕이라고 지었는데 그 이름을 한자로 쓸 때는 부질덕(夫叱德)이라 했다. 붓덕이라는 노비 이름을 부질덕으로 변환시킨 예는 『미야지마 히로시의 양반』이라는 책에서 찾을 수 있다.

노비 이름과 관련하여 더 많은 정보를 주는 또다른 책이 있다. 권내현 교수의 『노비에서 양반으로, 그 머나먼 여정』이라는 책에 보면 조선시대 호적에 쓰인 노비들의 이름과 그 이름이 어떻게 해서 만들어졌는지 설명되어 있다. 갓동이는 加(가)+叱(ㅅ)+同(동)+伊(이)로 쓰고, 갯동이(개똥이)는 介(개)+叱(ㅅ)+同(동)+伊(이)로 하는 방식이다. 돌쇠는 乭金(돌금)으로, 마당쇠는 麻堂金(마당금)으로 썼다.

노비 이름에 쇠가 많이 들어간 것은 그 노비들이 쇠를 다루는 대장장이여서가 아니라 쇠처럼 튼튼하게 일을 많이 하라는 의미였을 게다. 노비들은 이름에서부터 인격적으로 대우받지 못했다. 그냥 아무렇게나 생각나는 대로 짓는 경우가 많았다.

동물 이름에 빗댄 노비 이름도 많았다. 강아지(江牙之), 도야지(道也之), 송아지(松牙之), 두꺼비(斗去非) 등이 호적에 적힌 노비 이름이라고 권내현 교수는 소개한다.

좀더 심한 경우로는, 놈이라는 말을 부각하기 위해 작은노미(自斤老未)라 짓기도 했으며 심지어 개노미(介

老未)라 부르기도 했다. 개조지(介助之)라는 이름도 있었다고 한다.

여성 역시 크게 벗어나지는 않았다. 작은년(自斤連)이나 어린년(於仁連)처럼 '○○년'으로 지은 경우가 많았다고 한다. 반면에 곱다는 뜻으로 쓴 古邑丹(고읍단)이라는 이름도 있었다고 하는데 이는 극히 예외적인 경우다.

임진왜란 당시 이순신 장군이 조총을 만든 일을 임금에게 보고하면서 주인공으로 언급했던 대장장이 노비 3명의 이름은 안성(安成), 동지(同之), 언복(彦福)이었다. 이들의 신분은 노비였지만 그 이름은 개조지나 두꺼비보다 훨씬 인간적이었다. 이들 중 동지는 김해의 절 노비였고, 언복은 거제의 절 노비였다.

절에서 무슨 대장장이가 필요할까 싶은데 절간에도 쇠를 다루는 일이 생각보다 많다. 앞에서 예로 든 오희문의 선공감 감역 이야기에서처럼 옛날 토목사업과 건축에는 대장장이가 필수 직군이었다. 나무로 집을 지을 때도 각종 못이나 철물이 많이 필요하다.

절에는 대장장이라야 만들 수 있는 각종 법구(法具)가 있다. 고려시대 유물로 많이 남아 있는 금강저(金剛杵)나 금강령(金剛鈴) 같은 법구는 아마도 절에 속한 대장장이들이 만들었을 터이다.

절과 장인들의 관계를 보여주는 아주 오래된 이야기가 『삼국유사』에 보인다. 신라 선덕여왕이 황룡사

9층탑을 세울 때 백제에서 장인을 데려왔다. 아비지(阿非知)였다. 그는 탑의 기본이 되는 목재와 돌을 다듬었다. 그리고 태종 무열왕의 부친인 용춘(龍春)이 장인 200명을 거느리고 일을 주관했다고 한다. 이들 200명의 장인 중에는 쇠를 다루는 대장장이도 무척 많았을 게다. 그들의 신분이 노비 같은 천민이었는지 평민이었는지는 『삼국유사』에 드러나 있지 않다.

황룡사 9층탑의 설계자로 전해지는 백제의 건축가 아비지라는 이름이 흥미롭다. 아비(阿非)가 이름이고 지(知)는 이름 뒤에 붙이는 미칭이라고 한다. 아비라는 이름의 뜻을 유추해보자면, 한자어 부(父)를 '아비 부'라고 하는데 이 아비라는 말에서 따온 것인지도 모른다.

노비는 주인의 수족처럼 움직였기 때문에 그 집에서 일어나는 일을 훤히 알고 있었다. 그래서 양반집 주인이 대형 사건에 휘말리게 되면 그 집의 노비들도 덩달아 고초를 당하고는 했다. 조선의 선조 임금 시기부터 고종 때까지 약 300년간의 주요 반역사건 심문·재판 기록인 『추안급국안』에 보면, 사건마다 노비들이 끼지 않은 경우가 많지 않다. 『추안급국안』에는 그만큼 노비들의 이름도 많이 기록되어 있다.

예를 들어, 1601년 길운절 반역사건에 등장하는 구생(具生)이라는 이름의 기생이 있다. 구생은 아비의 성을 따라 지은 이름이다. 구생의 부친은 구사직(具思

稷)이다. 군관이었던 구사직은 관기(官妓)와의 사이에서 딸을 낳았는데, 그 딸이 구생이다. 이렇게 아비의 성을 따라 노비의 이름을 짓는 일은 흔치 않았다.

기생 구생 역시 앞에서 얘기한 노비 신분 판정의 원칙이었던 '종모법'과 '일천즉천'의 피해자였다. 아비의 성을 따랐다고는 해도 어미가 기생이었으니 태어나자마자 천민 신분으로 떨어졌다. 구생은 또 어미를 소유한 관청 소속 관기(官妓)로 살아야 했다.

노비제 폐지가 임박한 조선 말기가 되면 그 이름만 놓고 보면 양반인지 노비인지 알 수 없을 만큼 양반식의 한자 이름을 쓰는 노비도 있었다. 1884년의 한 사건에 개화파이면서 친일파였던 박영효(朴泳孝)의 노비도 끼어 있었는데, 그 이름이 최영식(崔英植)이었다. 최영식은 박영효의 종이었다. 그는 박영효가 무척 신임했던 심복이었던 듯하다. 사건을 맡은 추국청에서는 최영식의 주변 사람들이 그를 가리켜 '작은 금릉위(錦陵尉)'라고 부른다는 사실을 파악했다. 최영식이 금릉위였던 박영효를 대리한다는 말이 나올 만큼 그의 충직한 노비였다는 얘기다.

말질금, 도야지, 두꺼비, 최영식 등 노비들의 이름 짓기는 정해진 방식이 있었던 건 아니다. 노비제 폐지 직전 양반식 이름을 가진 최영식의 경우 누가 어떤 연유로 그 이름을 지었는지는 알 수 없다. 수백 년을 잇는 그 노비들의 이름 짓기에서 흐릿하게나마 시대 흐름을 엿볼 수가 있다.

다시 장영실 얘기로 돌아가면, 세종 임금은 본인이 탈 가마가 부서지면서 터져나온 장영실 탄핵 사건에서 장영실을 처벌해야 한다고 주장하는 탄핵파의 손을 들어줬다. 노비 출신의 대장장이가 임금과 가까이 지내는 걸 못마땅하게 여겨온 양반 가문 관료들의 조직적 움직임이 컸을 것으로 보인다. 그렇게 아끼던 장영실이었건만 세종도 편들지를 못했다. 그때 장영실이 복귀했더라면, 그래서 대장장이 노비도 쉽사리 탄핵당하지 않고 임금과 마주앉아 정사를 논하는 관료로 언제든지 재기할 수 있다는 점을 입증했더라면, 조선의 과학기술은 세계 최고 수준을 계속해서 유지했을 터이다. 그러지 못한 점이 못내 아쉬울 뿐이다.

21.
우리말의 곳간,
대장간

대장간이 아주 오래 전부터 우리들의 삶에 필요한 갖가지 도구를 만드는 곳이었다면, 그 대장간은 우리말의 아주 오랜 곳간임에 틀림없다. 우리가 농사를 짓기 시작하고 쇠로 된 농기구를 사용하게 되면서 대장간에서는 그것들을 제작했다. 대장간은 아주 오랜 세월에 걸쳐 농민들이 쓰던 도구 이야기를 쌓아놓은 곳간이다. 갯벌에서 수산물을 채취하는 도구 또한 마찬가지다. 대장간에서 만들어내는 도구들이 다 그렇다.

농사짓는 일 대부분을 기계가 대신하게 되면서 우리는 이제 대장간에서 만드는 연장을 별로 쓰지 않게 되었다. 필요 없어진 농기구의 이름조차 이제는 낯설다. 그러나 여전히 대장간에서는 호미, 낫, 괭이 같은 기본 농기구들을 만들어내고 있다. 대장간이 있어서 그 이름만큼은 아직 살아 있는 거다. 말은 사람들끼리 주고받을 때 의미가 있다. 산에 난 좁은 길이 그렇듯이 말도 쓰지 않으면 사라지게 마련이다. 대장간에서 사용하는 수많은 도구의 이름, 대장간에서 만들어내는 온갖 연장들의 우리말 이름은 대장간이 갖는 또 다른 가치이다.

대장간이나 대장장이라고 할 때의 '대장'이라는 말은 무슨 뜻일까. 우리가 쉽게 찾을 수 있는 사전들은 대개가 '대장'을 대장장이의 준말, 또는 대장일의 준말이라고 풀이하고 있다. '대장일'은 대장간에서 쇠를 달구어 연장을 만드는 일이고, '대장장이'는 대장일을 업으로 하는 사람이다. 대장은 그 둘 다를 일컫는 말이다.

연장을 만들려면 쇠가 있어야 하고, 그 쇠를 달굴 불이 있어야 하고, 쇠와 불을 다룰 줄 아는 사람이 있어야 한다. 연장을 만들어내는 바로 그 사람이 대장이다. 군부대나 어떤 조직의 우두머리를 말하는 대장(大將)이 아니다. 우리가 쇠를 다루기 시작할 때부터 생겨났을 이 대장이라는 두 글자만큼은 아직 한자로 대체해서 쓰지를 않고 있다. 이 또한 흥미롭다.

'대장' 다음에 붙는 '—장이'의 사전적 풀이는 '그것과 관련된 기술을 가진 사람'이다. 간판장이, 대장장이, 땜장이, 미장이, 양복장이, 옹기장이 등으로 쓴다. 한마디로 전문 지식과 기능을 가진 '기술자'라는 얘기다.

우리말에는 기술자를 지칭하는 말이 다양하다. '—

장이' 이외에도 '편수', '바치' 같은 말을 찾아볼 수 있다. 기술 분야에 따라, 또 그 기술의 수준에 따라 붙이는 말도 달랐다. 나무를 다루는 기술자인 목수에게는 '편수'라는 말을 썼다. 기둥처럼 집의 뼈대를 만드는 목수는 정현편수, 서까래를 얹는 일을 하는 목수는 서까래편수라 했다. 목수들의 우두머리는 도편수(都一)라고 했다. 도꼭지(都一)라는 말도 있는데, 이는 어떤 방면에서 으뜸이 되는 사람을 일컬었다. '그는 목수 중에서도 도꼭지로 인정받았다'고 하면 '그는 도편수였다'는 말과 같은 의미였다. 도꼭지가 더 범위가 넓은 거였다.

도편수와 반대말이라고 할 수 있는 솜씨 서툰 목수는 '도끼목수'라고 했다. 여러 연장을 다루지 못하고 도끼만 쓸 줄 아는 수준이라는 얘기인지도 모르겠다. 대장일의 등급으로는 풀무꾼이나 메질꾼 정도 되겠다. 여러 연장을 쓰지 않고 도끼 같은 큰 연장으로만 대충 건목 쳐서 지은 집을 도끼집이라고 부른다. 여기서 건목은 마른나무를 얘기하는 게 아니라 물건을 만들 때 제대로 다듬지 않고 거칠게 대강 만드는 일이나 그렇게 만든 물건을 말한다. 도끼목수, 도끼집이라니, 나무를 찍어낼 때 꼭 필요한 연장인 도끼 입장에서는 좀 서운할 수도 있겠다.

그리고 '一바치'도 기술자를 의미한다. 가죽신을 만드는 기술자를 갖바치라고 했다. 옥을 다루는 기술자는 옥바치, 동산의 꽃이나 나무 따위를 가꿀 줄 아는 원예사는 동산바치라고 불렀다. 점쟁이를 점바치, 광대를 놀음바치라 하기도 했다.

대장일에 없어서는 안 될 '쇠' 역시 아주 귀한 우리말이다. 한자로는 금(金)이라고도 쓰고 철(鐵)이라고도 하는데, 이 둘의 쓰임은 달랐던 듯하다. 조선 후기 다산 정약용(1762~1836)은 어원 연구서 『아언각비(雅言覺非)』에서 금과 철을 구분해야 한다고 지적했다. "금(金)의 뜻을 쇠(衰)라고 말하는데, 쇠는 누른 것〔黃〕과 검은 것〔黑〕이 같지 않다. 황금(黃金)은 금(金)이라 말하고, 철(鐵)은 쇠(衰)라고 말한다"고 다산은 이야기했다. 우리가 '금(金)' 자를 일컬어 '쇠 금'이라고 하는데, 쇠붙이의 개념으로 쓸 때는 금이 아니라 철이라고 해야 한다는 얘기다.

쇠로부터 퍼져나간 우리말이 무척 많다. 대장간에서 연장을 만들려면 시우쇠와 무쇠 같은 쇠붙이가 우선 필요하다. 예전에는 쇠를 생철(生鐵), 수철(水鐵), 숙철(熟鐵) 등으로 구분했다고 한다. 생철이나 수철은 우리가 흔히 부르는 무쇠로 분류할 수 있다. 이 무쇠를 불에 달구어 단단하게 하면 시우쇠가 된다. 숙철(熟鐵)이 시우쇠다. 시우쇠는 참쇠라고도, 정철(正鐵)이라고도 한다. 임진왜란 때 이순신 장군은 자신이 거느린 대장장이들과 함께 개발한 조총을 정철총통(正鐵銃筒)이라 했다.

다산 정약용이 금(金)과 철(鐵)을 구분해서 써야 한다고 했던 것은 사람들이 그렇게 하지 않기 때문이었다. 이순신 장군은 임진왜란 때 참전한 명나라군을 위해 여러 가지 선물을 전달했는데, 그중에 휴대용 불붙이는 도구인 부시가 있었다. 이순신 연구가 박종평의 『난중일기』 중 '1594년 11월 28일 일기 뒤 메모' 분석자료에 따르면 이순신 장군은 명나라 장군에게 줄 선물 목록을 작성하면서 이 부시를 화금(火金)이라고 적었다. 이순신 장군은 이 화금을 70개나 준비했다. 이순신 장군은 당연히 명나라 장수가 받고서 흡족해하도록 명품을 건네주려 했을 터인데, 그걸 70개나 만들어야 했으니 장군 밑에 있던 대장장이들이 꽤 고생했겠다 싶다.

　당시 이순신 장군이 부시를 일컬어 적었던 화금(火金)은 불을 일으키는 쇠라는 말인데, 다산의 지적대로라면 옳게 쓴 용례는 아니라고 할 수 있다. 조선시대에는 이 밖에도 부시를 가리켜 화철(火鐵), 화도(火刀), 수금(燧金), 부수(鳧壽)라고 쓰기도 했다.

　어쨌거나 부싯돌을 쳐서 불을 일으키는 쇳조각인 부시라는 말이 참 묘하다. 부시의 어원을 따지자면 불과 쇠가 합쳐져 이루어진 말이다. 불과 쇠가 있어야만 일이 되는 대장간과 그 뜻에서 너무나 닮았다. 부시는 겉모양부터 일반 쇳조각과는 달랐다. 있는 집에서는 대장장이를 시켜 온갖 모양을 내 부시를 제작하게 했다. 휴대용인 만큼 예술미를 갖추어 들고 다니면서 과시하고 싶었던 거다.

부시는 요즘으로 치면 성냥이나 라이터라고 할 수 있다. 성냥은 이제 거의 사라졌다지만 라이터는 변신을 거듭하고 있다. 흡연인구가 줄고 연초담배가 전자담배로 바뀌면서 라이터 시대도 막을 내리는가 싶었는데 그게 아니었다. 캠핑족들이 크게 늘면서 바람의 영향을 받지 않고 불을 쉽게 붙일 수 있는 다양한 방식의 라이터들이 많이 팔리고 있다. 부시에서 성냥으로, 성냥에서 라이터로 불붙이는 도구도 다양하게 변화해왔다.

요즘에 성냥을 보기 어려워졌다고는 하지만 대장간을 이야기하면서 빼놓을 수 없는 게 성냥이다. 대장간의 다른 이름이 승냥간이다. 충청남도를 비롯한 일부 지역에서는 대장간을 승냥간이라고 한다. 이 승냥이라는 말이 성냥에서 나왔다. 쇠를 불리는 일을 '성냥하다'라고도 하는데, 이 '성냥일'이 곧 대장일이다. 옛말에 '성냥노리'라는 게 있다. 대장장이가 1년 동안 깔아놓은 외상값을 받으러 섣달그믐께 집들을 돌아다니는 일을 일컫는다.

성냥이라는 말은 석유황(石硫黃)에서 왔다. 성냥개비의 머리 부분을 성냥골이라고 하는데, 이 성냥골의 원료를 석유황이라고 한다. 석유황을 소리 나는 대로 읽으면 '성뉴황'이다. 성뉴황이 성냥의 어원이 되었다.

대장간은 승냥간 이외에도 풀무깐, 불무깐, 불매깐, 벼름깐 등으로 불린다. 바람을 일으키는 도구인 풀무도 아직 여러 곳의 지명으로 남아 있다. 불을 일으켜 쇠를 불리기 위해 바람을 내는 풀무질 소리도 우리나라 여러 지역에서 전해지고 있다. 울산광역시의 '쇠부리 불매소리', '성냥간 불매소리'가 대표적이다.

우리말로 이루어진 풀이름 중에도 대장장이와 관련된 게 있다. 쑥부쟁이 풀이다. 국화과에 딸린 여러해살이풀이다. '쑥부쟁이'라는 이름은 '쑥'과 '부쟁이'의 합성어다. 잎과 줄기가 쑥처럼 생겼는데, 그 줄기가 부지깽이처럼 긴 막대기 모양으로 자란다는 뜻이라고 한다. 부쟁이는 아궁이에 불을 땔 때 쓰는 부지깽이의 방언이다. 옛날에는 불을 다루는 게 필수인 대장장이를 불쟁이라고도 불렀다.

쑥부쟁이 풀에는 대장장이의 딸과 관련된 전설도 전해진다. 아주 옛날 한 마을에 쑥을 캐던 대장장이의 딸이 있었는데, 어느 날 몸을 다친 사냥꾼을 치료해주어 낫게 했다. 쑥의 효능이 컸을 터인데, 그 사냥꾼은 떠나면서 꼭 돌아오겠다고 약속했다. 그러나 둘의 인연이 안 되었던지 만나지를 못하고 딸이 병에 걸려 세상을 뜨고 말았다. 사냥꾼이 돌아왔으나 이미 늦었다. 죽은 딸의 무덤에서 이듬해에 보랏빛 들꽃이 피어났다. 사람들은 '쑥을 뜯던 불쟁이 딸'이 환생했다고 여겨 쑥부쟁이로 불렀다는 얘기다.

우리의 풀이름을 보면 쑥부쟁이와 비슷한 풀이 여럿 더 있다. 개쑥부쟁이, 가는쑥부쟁이, 부지깽이나물, 쑥부지깽이……. 아마도 잎을 떼어내고 부지깽이로 쓰기에 적당해서 그렇게 불렸는지도 모른다.

대장간에서 만들어내는 오랜 전통의 온갖 연장들은 우리말을 다루는 데 있어서 빼놓을 수 없는 도구다. 호미, 낫, 조새 같은 연장들은 대장간이 몇 남지 않았다고는 하지만 요즘에도 여전히 오랜 그 이름을 달고 대장장이의 손을 거쳐 나온다.

낫, 조새, 호미 같은 연장들이 그 이름을 가진 데에는 그만한 연유가 있을 터인데, 워낙 오랜 세월 동안 그렇게 불려서인지 정확한 어원을 알기가 쉽지 않다. 연장은 그 낱낱의 부위마다 또다른 우리말을 가지고 있다. 기역 자처럼 생긴 낫은 크게 날과 자루로 구분할 수 있다. 더 좁히면, 자루에 들어박히는 부분을 슴베라고 한다. 호미나 칼 역시 마찬가지다. 슴베에서 기

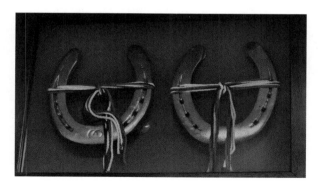

한 가게의 입구 위에 돈을 많이 벌게 해달라는 뜻으로 걸어놓은 황금색 편자 장식.

역 자로 휘어진 날의 두꺼운 어깨 부분을 낫공치라고
한다. 우리 선조들은 낫에서도 날, 자루, 슴베, 낫공치
로 구분해서 이름을 지었다.

요즘에도 잘 팔리는 개업 선물 중에 편자가 있다.
편자는 말발굽에 U자형으로 대어 붙이는 쇳조각인
데, 대장간에서 만들던 물건이다. 말뿐만 아니라 소
발굽에도 편자를 끼웠다. 편자의 쓰임새를 실제로 구
경하려면 경마장에나 가야겠지만, 옛날 말 타고 다니
던 시절이나 소를 이용해 물건을 실어나르던 때에는
편자가 생활필수품이었다.

위세 있는 양반네들이 말을 타고 여러 날 길을 떠
날 때의 준비물 중에는 편자가 꼭 있었다. 고삐를 잡
는 노비와 양반 자신이 먹을 양식이며 말먹이, 그리
고 편자가 여행의 필수품이었다. 도중에 아는 집에
서 양식과 함께 편자를 지원받기도 했다. 전라도 함
평현감을 지낸 윤이후의 『지암일기』를 보면, "(장성현
감이) 말먹이 콩 7말과 편자 3부, 자리 2립을 주고 갔
다"(1693년 9월 25일)거나 "(태인현감이) 쌀 4말과 콩
3말, 편자 3부를 보냈다"(1693년 11월 9일)는 얘기가
나온다. 편자를 세는 단위는 부(部)였고, 앉거나 누울
때 까는 자리를 세는 단위는 입(立)이었다.

말의 고삐를 잡고 가는 노비는 아마도 편자를 갈
줄 아는 경험자 중에서 골라야 했을 터이다. 길을 가
다 편자를 갈아끼워야 하는 순간에 즉시 현장에서

조치가 가능한 노비가 있어야 했을 테니 말이다. 그렇다면 양반들의 행차 준비물에는 편자 박는 못과 망치 같은 도구들이 더 있었을 게 분명하다.

편자 박는 못의 이름도 대갈, 다갈, 다갈이 등 여럿이었다. 조선시대 문헌에는 대갈(大葛), 대갈(代葛), 다갈(多葛), 다갈(多㔑), 다갈이(多㔑耳) 등 여러 가지로 나온다. 그런데 우리는 왜 머리를 '대가리'로 부를까. 비슷한 말로는 '대갈통'도 있고 '대갈머리'도 있다. '대갈'이라는 오래된 순우리말이 있었는데 그걸 한자로 적으면서 여러 말로 분화했을 수도 있겠다 싶다.

임진왜란 당시 이순신 장군이 백의종군하던 때, 그러니까 원균의 조선 수군이 칠천량 해전에서 일본군에 대패하는 바람에 나라가 백척간두의 위기에 처해 있던 때, 장군의 일기에도 편자 박는 '다갈'이 등장한다. "(방응원이) 군량 2곡과 말먹이 콩 2곡, 다갈(多葛) 7부를 가져왔다"(1597년 7월 24일)는 대목이 바로 그거다. 박종평이나 노승석 등 몇몇 번역자들은 이 다갈을 편자 박는 데 쓰는 징으로 해석했다. 하지만 노산 이은상은 이 부분을 '말편자 7벌을 가져왔다'로 번역해, '다갈'을 '말편자'로 보았다. '다갈'이 편자 박는 징을 일컫느냐 편자 그 자체를 말하느냐는 문제를 풀기 위해서는 좀더 세밀한 연구가 필요하겠다는 생각이다. 다만 아직 남아 있는 대장장이 중에는 소의 편자와 편자 박는 못을 만든 경험을 가진 이들이 있다. 이

들은 편자 박는 못을 '대갈'이라고 부른다. 대장장이
들은 오래전부터 편자와 대갈을 확실하게 구분해왔
다는 얘기다.

편자가 행운의 상징인 점은 우리만의 이야기가 아
니다. 동서양을 막론하고 비슷하게 여기고 있다. 아마
도 말이 앞발을 긁어서 흙을 끌어모으는 시늉에서
돈을 긁어모으는 모습을 연상한 건 아닌지, 편자를
네잎클로버처럼 여기게 된 연유가 궁금하다. '편자를
보면 행운이 온다(If you find a horseshoe, you'll have
a good luck.)'라는 영어 속담도 있다고 한다.

우리말에도 편자가 들어간 표현이 더 있다. '망건
쓰자 파장(罷場)'이라는 말처럼 망건의 이마 쪽 중앙
아래부위를 '망건편자'라고 한다. '편자고래'라는 말
도 있다. 우리 전통가옥의 특징 중에 온돌이 있다. 불
을 때 그 열기로 방을 데우기 위한 우리만의 특별한
방식이다. 아궁이의 열기와 연기가 돌아나가도록 방
바닥 아래에 만든 고랑이 방고래다. 그 방고래를 U자
형으로 만든 걸 편자고래라고 한다. 이렇게 보면, '편
자'의 쓰임은 참으로 다양하다. 말이나 소의 발바닥을
보호하기도 하고, 양반들의 이마를 지탱해주기도 하
며, 사람들이 뜨끈하게 허리를 지질 수 있도록 하는
방고래를 이루기도 하니 말이다.

대장간에서 쓰는 도구 중에도 챙겨봐야 할 우리말
이 많다. 대표적인 게 '메'이다. '메'는 무엇을 치거나

모루에 기대어 세워
놓은 송종화 장인이
예전에 쓰던 메 2개.
메의 자루와 머리 모
양이 서로 다르다. 요
즘은 메를 사용하는
대장간이 거의 없다.

박을 때 쓰는, 나무나 쇠로 만든 묵직한 토막에 손잡
이 자루를 낀 것을 말한다. 영어로는 hammer(해머)
가 메에 가까운 말이면서도 망치와는 구별해야 한다.
망치는 또 마치와도 차이가 있다. 대장간에서는 메질
이 따로 있고, 망치질이 따로 있다. 마치질 역시 다른
일이다. 요즘 대장간에서는 메질은 기계가 대신하는
바람에 '메'와 '메질꾼'은 구경조차 하기 어렵게 되었
고, 망치와 마치의 차이를 분간하기도 어렵다. 크기로

보자면, 메가 가장 크고, 망치가 그다음이고, 마치가 가장 작다. 그냥 큰 망치나 작은 망치처럼 부르지 않고, 우리는 왜 이렇게 세분해서 이름을 붙였을까.

대장간의 핵심 장비 중에 불린 쇠를 올려놓고 망치를 내리쳐 모양을 잡는 모루가 있는데 그 '모루'라는 말은 어디에서 왔을까. 바람을 일으키는 '풀무'라는 말의 내력도 여간 궁금한 게 아니다. 대장간은 이처럼 우리말의 작은 알갱이들이 켜켜이 쌓여 있는 곳간이다.

대장간 이야기
첨단 기술의 원점을 찾아서

초판 1쇄 인쇄 2024년 3월 15일
초판 1쇄 발행 2024년 3월 25일

지은이 정진오

편집 최연희 정소리 | 디자인 이정민 | 마케팅 배희주 김선진
브랜딩 함유지 함근아 고보미 박민재 김희숙 박다솔 조다현 정승민 배진성
저작권 박지영 형소진 최은진 서연주 오서영
제작 강신은 김동욱 이순호 | 제작처 상지사

펴낸곳 ㈜교유당 | 펴낸이 신정민
출판등록 2019년 5월 24일 제406-2019-000052호

주소 10881 경기도 파주시 회동길 210
문의전화 031.955.8891(마케팅) 031.955.2692(편집) 031.955.8855(팩스)

전자우편 gyoyudang@munhak.com
인스타그램 @gyoyu_books | 트위터 @gyoyu_books | 페이스북 @gyoyubooks

ISBN 979-11-93710-24-1 03300